いちばん親切な
着物の
The easiest Kimono Manual
教科書

初めてでもよくわかる！基礎知識

着物入門

世界文化社

はじめに

着物を着たいけれど、なかなか第一歩が踏み出せない、という人が多いのではないでしょうか。

その理由として、どんな着物を着たらいいのかわからない、どこに着て行ったらいいのかわからない、
どんな組み合わせがいいのかわからない、などの悩みをよく聞きます。

着物を着るのが特別なことになってしまった現代では、何もかもがわからないことだらけ。

まわりに教えてくれる人もいません。そんなあなたにこそ、本書が役立ちます。

Ｐａｒｔ１の「ＴＰＯ別着物揃え」では、〝こんなときにはこんな着物を〟と
現代の暮らしの中で想定できる着物シーンに合わせて、装いの一例を紹介します。
着物なら何でもよいというわけではなく、洋服と同じように目的に合わせて選ぶほうが、
着る人もまわりの人も心地よく、着物も素敵に見えます。

Ｐａｒｔ２の「着物と帯の種類」では、現在使われている着物と帯の基本的な知識と
その組み合わせ方を提案。たんすの中の着物や帯の名前と格（ランク）がわかります。

１枚の布から生まれる着物や帯は、すべて人の手によって作られています。

さまざまな染織の技も、長い時間をかけて、人から人へ受け継がれてきたもの。

Ｐａｒｔ３の「染めと織りの基本」では、奥深い職人の技を知ることで、和装への興味を深めましょう。


これから着物を着ていく上で、いちばんのお楽しみは季節と密接な関係になれること。

洋服以上に着物には季節感があり、Ｐａｒｔ４の「季節と着物」で着分けの基本をどうぞ。

そして、最後のＰａｒｔ５「和装小物のお洒落」では、着物や帯以外の
小さな品々にスポットを当て、和装の楽しみの総仕上げをお届けします。

見開き完結になっているので、どこから読んでもＯＫ。

いつもそばに置いて、小さな知識を積み重ね、いつかは着物の達人を目指しましょう。

いちばん親切な着物の教科書
初めてでもよくわかる！基礎知識
着物入門

目次

Part 1 TPO別着物揃え

Part 2 着物と帯の種類

● お買い物案内

● Kimono column

Part 3
染めと織りの基本

Part 4
季節と着物

Part 5
和装小物のお洒落

Kimono column 1

着物のパーツ

「着物と帯は知っているけれど、それ以外のものはわからない」
という着物ビギナーのために、表から見えるものだけをご紹介します。
まずはこれだけを覚えておきましょう。この本にも何回も出てきます。
さらに、ステップアップするなら32ページへ。
着物の各部の名称を紹介しています。

帯揚《おびあ》げ

お太鼓結びをした際に、この帯揚げで支えます。前にまわして結び、着物と帯の間におさめます。

帯締《おびじ》め

帯の形がくずれないように結ぶ紐。結び方に決まりがあります。

帯《おび》

胴に二巻きして、後ろでお太鼓などに結びます。どの帯を用いるかは、着物に合わせます。これは、ぼかしの着物にふさわしい袋帯。

半衿《はんえり》

長襦袢の衿につけて使用するもの。夏に、素肌に直接着る浴衣《ゆかた》以外のすべての着物に必要です。

扇子《せんす》

あおぐものではなく、小道具の一つとして左胸に差します。通常の着物にはなくてもかまいませんが、茶席では必須。

着物《きもの》

こちらはぼかしの着物ですが、いろいろな色柄があり、目的に合わせて選びます。

PART
1

TPO別着物揃え

洋服と同じように、着物にもＴＰＯがあります。

着物を着るとき、あるいはこれから着物を購入する際には、「いつ、どんなところに、何のために着ていくのか」を考えると、ふさわしい装いがイメージしやすくなります。

着物を着る目的をまず第一に考え、そこに自分の好みや個性をプラスして、着物のお洒落《しゃれ》を楽しみましょう。

ふだん着に

木綿《もめん》や紬《つむぎ》など織りの着物に、手軽な半幅帯《はんはばおび》でカジュアル感を楽しむ

「決まり事が多い」と思われがちな着物ですが、自宅でくつろぐために着る場合は、ルールはありません。好きな着物を自由に着ることができます。とはいえ、せっかく着るのなら、自分らしくお洒落に決めたいもの。そんなときのおすすめは、まず第一に丈夫な素材を選ぶことです。なぜなら、家では立ったり座ったり、しゃがんだり、階段の上がり下りなど、思ったより活動的。それに耐えられる素材といえば、木綿や紬などの織りの着物です。

　とくに木綿は価格も手頃なものが多く、色柄も格子《こうし》や縞《しま》、絣《かすり》などバリエーションも豊富です。裏地をつけない単《ひと》衣《え》仕立てにすれば、軽やかな着心地で動きも楽。汚れたら洗濯ネットに入れて、洗濯機でも洗うことができます。

　おうち着物に合わせる帯には、帯幅が半分になった半幅帯、あるいはスカーフのようにやわらかい兵児帯《へこおび》がなじみます。お太鼓《たいこ》は結びませんが、前から見たら普通の帯とあまり変わりません。着物初心者にはイチオシのアイテムです。

草木染めの木綿糸を手織りした川越唐桟《かわごえとうざん》の着物地。年月とともに味わいを増す、木綿の風合いを楽しみたい。

着物地は紬の白生地に、藍《あい》の濃淡で唐花文様《からはなもんよう》を染めた江戸《えど》紅型《びんがた》。本場沖縄の紅型の半幅帯で、華やぎを添えて。

ジャカード織りでバラ柄を織りだしたデニム地の着物。しぼのある絹製のピンク系の兵児帯《へこおび》を合わせて、優しい印象に。

着物はカンボジアの手織りコットンで、まるで格子柄のワンピースを着ているかのような気軽さ。さまざまな布を組み合わせた半幅帯を合わせ、アクセントとしてオレンジ色の三分紐《さんぶひも》を。食事会や買い物、ギャラリー巡りなどにも。

右・雪輪文様を織りだした白大島は、白いシャツ地のよう。裏は千鳥格子、表はモノトーンの別柄を組み合わせた半幅帯を合わせると、モダンな装いに。
左・星形のような小さな模様を染めた小紋に、パッチワーク風の半幅帯でお洒落に。柄同士でも同系色なら、すっきりとまとまります。

TPO別着物揃え2

和のお稽古で

お茶やお花、香道、日舞などの習い事には、お気に入りの紬や小紋《こもん》で気分を上げて

茶道や華道などの伝統文化の教室のほか、着付けや和裁までさまざまな和の習い事があります。現代は仕事先から教室に通う人も多いので、着物を着て行くのは難しいかもしれません。洋服でお稽古をするのが一般的になっていますが、たまには機会を見つけて和装で行ってみましょう。とくに、着付けを習っている場合は、ぜひ教室の行き帰りも着物を着て、できるだけ着物に慣れることをおすすめします。それが着付け上達の近道でもあります。

また、茶道教室に通っている場合は、着物姿の動きがなめらかで所作も美しく見え、気持ちも引き締まります。着物のルールが難しいと言われる茶道の世界ですが、お稽古なら手持ちの小紋や紬でかまいません。基本的に色柄は自由ですが、大胆で目立つものよりも周囲になじむものを選んだほうが安心です。帯はお太鼓に結ぶのが大変なら、半幅や付け帯でもよいでしょう。または気軽な名古屋帯などを合わせるのもお洒落です。

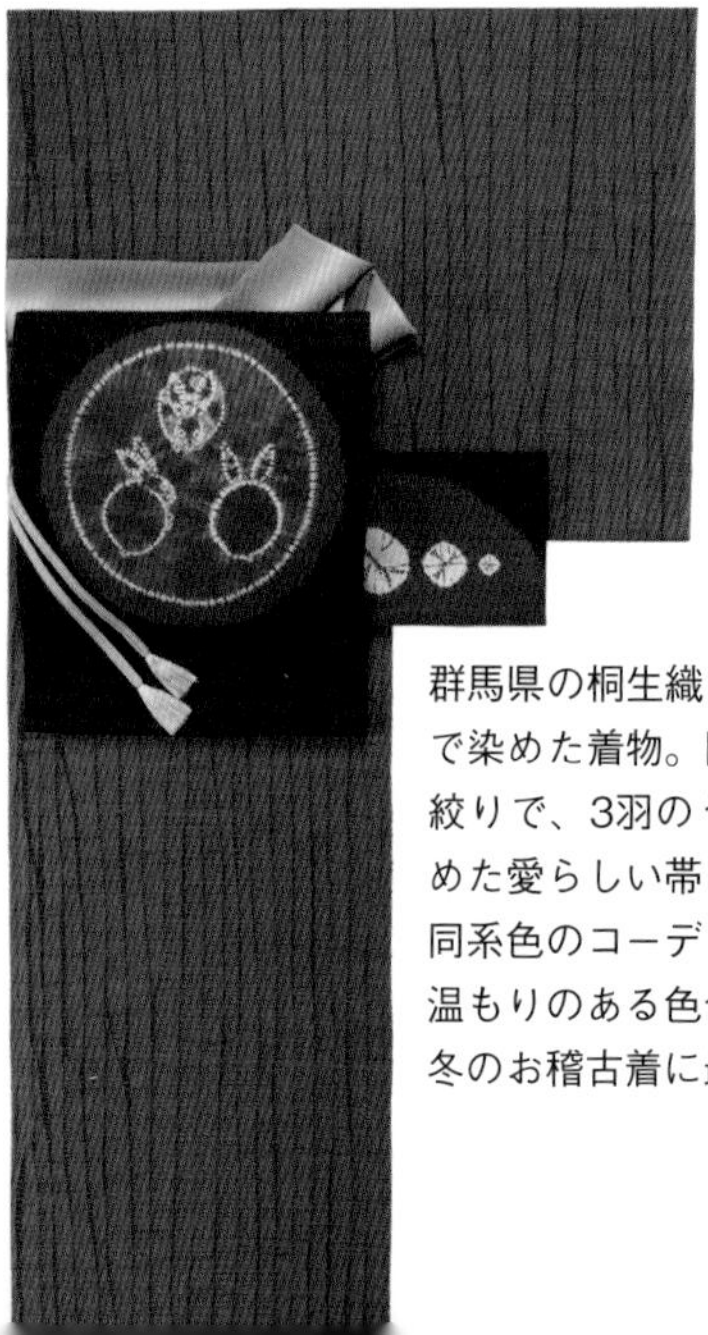

群馬県の桐生織を手筋絞りで染めた着物。同じ桐生手絞りで、3羽のうさぎを染めた愛らしい帯を合わせた同系色のコーディネート。温もりのある色合いは、秋冬のお稽古着に最適。

無地感覚の伊那紬《いなつむぎ》は、帯合わせがしやすい明るいブルー。季節感を演出するなら、染め帯で。柘榴《ざくろ》を絞り染めで表現した趣味性の高い帯は、初秋から締められます。

TPO別着物揃え3

食事会に

食事をする場所の格や雰囲気に合わせて、小紋や紬、御《お》召《めし》などを個性的に

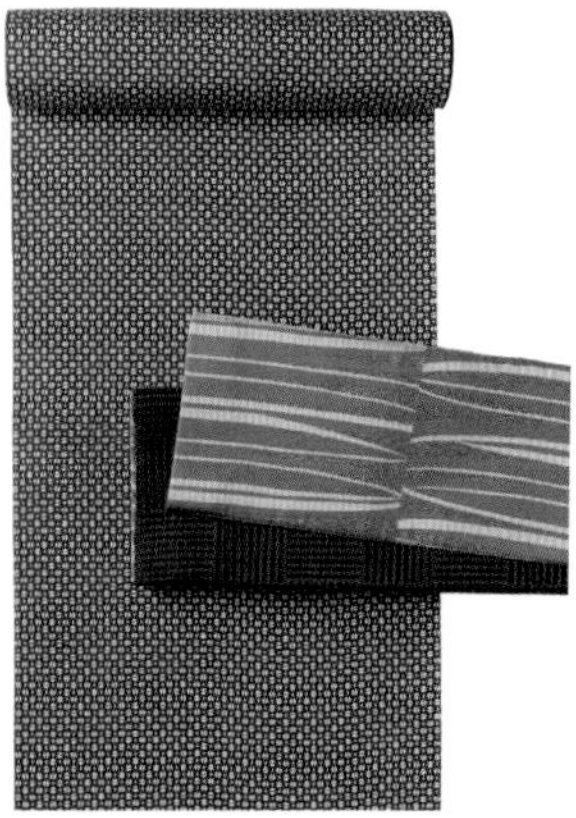

幾何学文様のモノトーンの小紋にシャープな柄の半幅帯の組み合わせ。状況によっては、名古屋帯や洒落《しゃれ》袋《ぶくろ》帯を合わせても。

ひと口に食事会といっても、さまざまなシチュエーションがあります。着物で行こうと決めたら、まず、状況を見極めましょう。ランチかディナーか、カジュアルなお店か高級レストランか、あるいは落ち着いた和風料亭かなどによって、着ていく着物が多少違ってくるからです。気のおけない友人とのカジュアルランチなら、気軽な木綿の格子や縞の着物に半幅帯の組み合わせも素敵ですが、高級レストランで目上の方も同席するような場合は、あまりにもふだん着すぎて、場違いな装いになってしまうことも。かといって、訪問《ほうもん》着《ぎ》などのフォーマル着物では、大げさすぎてせっかくの食事が楽しめないかもしれません。

　カジュアルなレストランにも、高級レストランにも合うのが、ほどよくお洒落で控えめな上品系のコーディネートです。小紋や紬、御召、気軽な柄つけの付《つ》け下《さ》げなどを選ぶと、周囲とも違和感なく溶け込み、それでいて着物の持つパワーも十分に発揮できます。昼間は明るめの色柄、夜はシックなモノトーンや色無地感覚のドレッシーなものを。

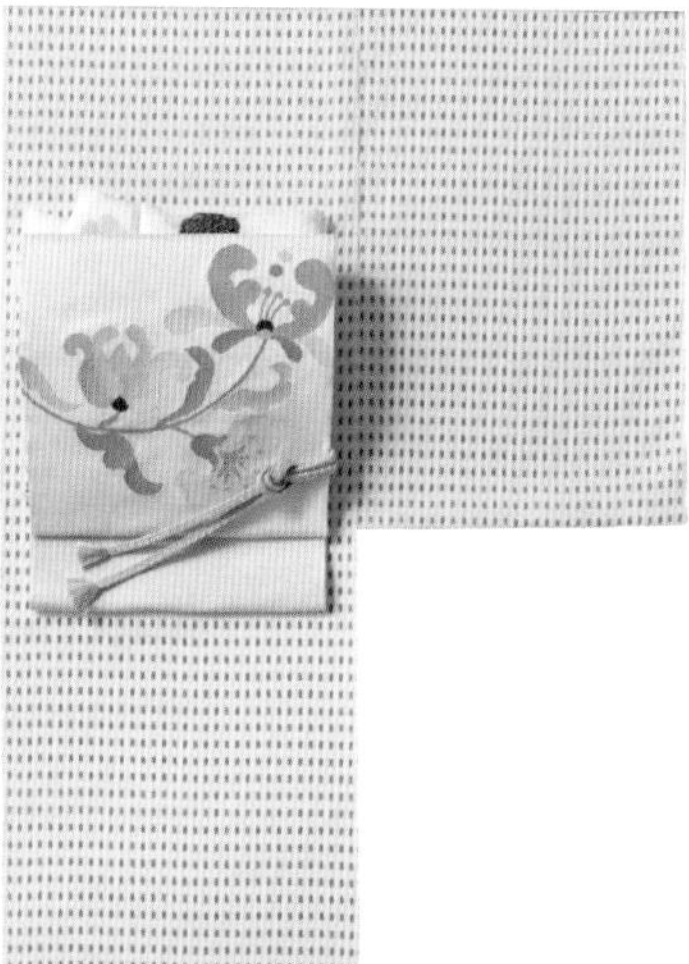

ガーデンランチなどには、こんな爽やかなコーディネートで楽しく。ドット柄の塩沢紬に、唐花文様を織りだした紬地の帯。

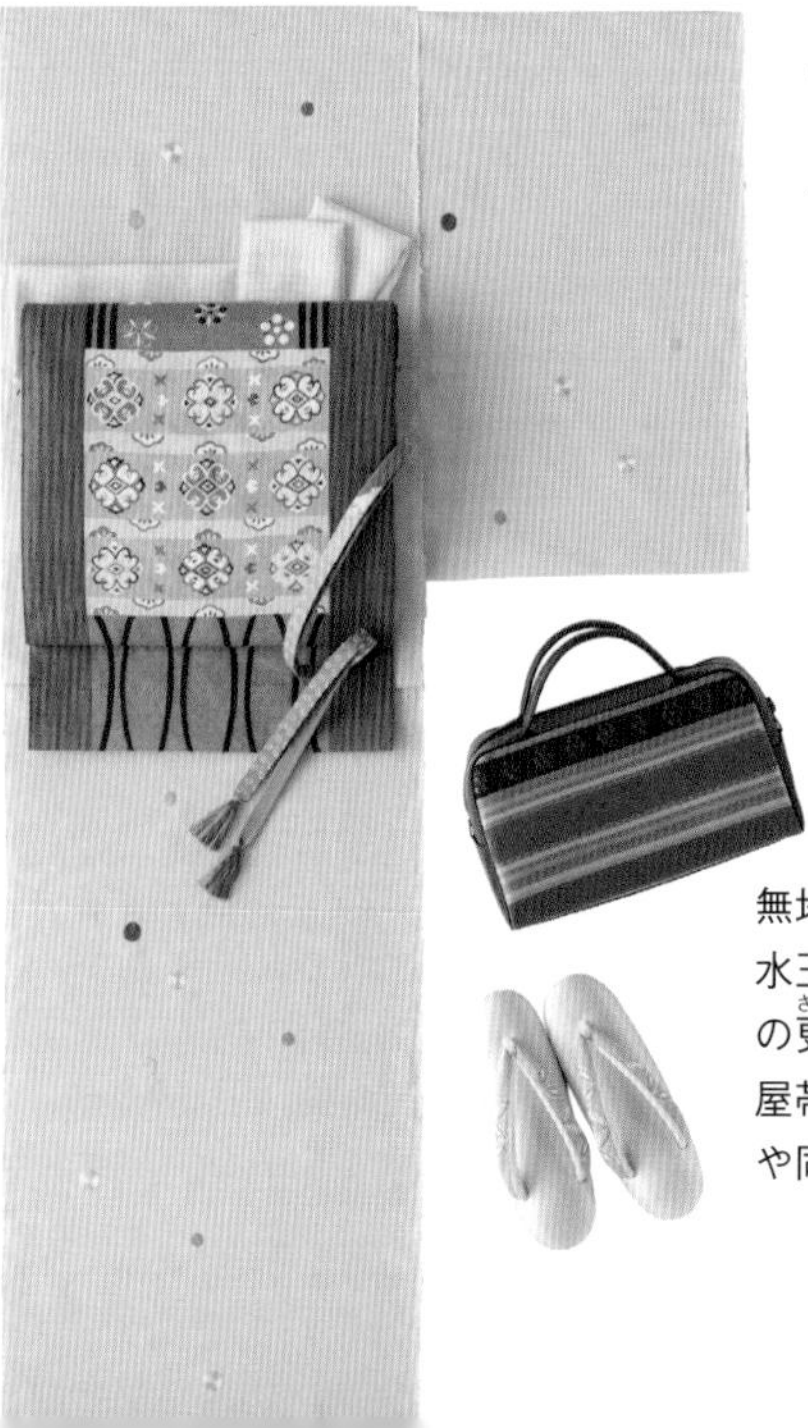

無地感覚の紬地の付け下げは、水玉模様の刺繍入り。手描きの更紗《さらさ》模様をあしらった名古屋帯を主役にした装い。観劇や同窓会などにも。

雨入り万筋《まんすじ》の江戸小紋に、蛇の目傘文様の型絵染め帯の組み合わせは、きりっとした雰囲気のある都会派のコーディネート。控えめながらも主張のある装いは清潔感を感じさせ、高級レストランや料亭にも着て行けます。

TPO別着物揃え4

歌舞伎&コンサートに

歌舞伎や能楽には和風でしっとり、オペラやコンサートには洋風でエレガントに

観劇やコンサートなどプライベートな時間に着る着物は、好みに合わせて自由に楽しむことができます。そんな中で、着物を選ぶときに考慮したいのは、招待客か一般客かということです。招待されて伺う場合は、相手に失礼のないように、控えめな訪問着や付け下げ、色無地《いろむじ》などがよいでしょう。これに対して、一般客の場合は、ややカジュアルに御召や小紋、紬で。とくに小紋は種類も多く、色柄も豊富なので、型染めの紅型や更紗など遊び心のあるものも、この機会に挑戦したいものです。帯は着物に合わせて選びますが、きりっとしたいときは織り帯、優しく装いたいなら染め帯を。

柄は古典でもモダンでもかまいませんが、せっかくなら会場の雰囲気に合わせてみてはいかがでしょう。歌舞伎座や能楽堂などには落ち着いた古典柄で和を意識し、オペラやバレエなど洋風の建物では、洋服感覚のコーディネートや柄ゆきがモダンで素敵です。または、着物や帯は古典でも、帯留めやバッグなどの小物に洋テイストを取り入れることもできます。

大きな市松模様に染め分けた小紋の着物に、大胆に鯉を織りだした荒磯文様の袋帯。中国では鯉は縁起のよい魚で、やがて大きな龍に生まれ変わると伝えられる「出世魚」の代表。おめでたい演目や新春の観劇などに。

白いぼかしに縁起のよい裏白の文様が浮かび上がる着物。草花を西洋の紋章のように表現した相良《さがら》刺繡の帯との組み合わせは、日本の伝統芸能からオペラ鑑賞まで対応できます。

萌黄色《もえぎいろ》と極細のピンク色を織りだした縞の着物。単衣で着るなら、白地に流水の帯を合わせて夏を感じる装いに。初夏のコンサートなどにおすすめ。

メリハリを効かせた矢絣の柄は古典的なのに、どこかモダンな印象。シャープな柄に少し甘さをプラスするなら、優しいピンク系の帯でバランスを取りましょう。帯締めにも鮮やかな色を配し、赤いバッグで、より愛らしく。

国内外の旅で

大島紬《おおしまつむぎ》や御召など、しわになりにくく、軽やかで着心地のよい素材を中心に

旅行用の着物は、移動の方法と旅先での過ごし方によって、選ぶものが変わってきます。日帰りや短期間の場合は、あまりこだわらずに季節に合ったお気に入りのものを着ていくのがいちばんです。これに対して、長時間乗り物に乗ったり、さまざまな場所を訪れる海外旅行などでは、日程に合わせてコーディネートを考え、できるだけ着まわしのきくように着物と帯を揃えるのが賢明です。

いずれの場合も、着物はしわにならず、着心地がよく、帯合わせによってイメージが変わるものが向いています。たとえば、大島紬や黄八丈《きはちじょう》のような生糸《きいと》で織られたもの。寒い季節なら、真綿糸を使った結城紬《ゆうきつむぎ》や信州紬、久米島紬なども暖かく快適に過ごせます。これらに組み合わせのきく帯を2、3本持っていけば、1週間程度の旅なら十分楽しめます。着物は後始末のことを考えると、白っぽいより濃い地色のほうが安心。また、同じ着物でも、半衿や小物のアレンジでイメージを変えることもできます。

顔映りのよい薄紅色の無地感覚の結城紬。肌寒い季節には、薄手のコートや羽織は必須。春の旅なら、優しい色の着物に合わせて、ブルー地の小紋柄の羽織を。

長時間の移動には、汚れの目立たない濃い地色の着物で。よろけ縞と丸紋を織りだした御召に、和更紗の染め帯で遊び心を添えて。

現代感覚の鋸歯《きょし》文様の小紋に、太《たい》子間道《しかんとう》の袋帯を合わせて個性的に。旅先でのギャラリー巡りに。

優しいクリーム地に、絣で縦縞のような模様を織りだしたモダンな大島紬。格子柄の手織りの半幅帯をさりげなく合わせた装いは、カジュアルな中にもお洒落心が詰まっています。観光からディナーまで、これ一枚で過ごせます。

TPO別着物揃え6

お茶席で

会の趣旨に応じて、小紋や色無地、訪問着などを

茶席の着物は、侘び寂びを大切にする、または少し社交の要素を加えるなど、各流派によって多少異なります。そのため、茶席用の着物を揃えるときは、習っている先生に相談するのも一つの方法です。

一枚は持っていると便利なのが、一色を染めた色無地（44ページ参照）や江戸小紋（71ページ参照）です。どちらにも背中に一つ紋をつけて仕立てるのがよいでしょう。色無地は白生地を好みの色に染めますが、その生地は光沢のある綸子《りんず》より、光を抑えた縮緬《ちりめん》や紋意匠《もんいしょう》（地紋入り）が向いています。鮮やかすぎる色は避けて、落ち着いたやわらかい色調が茶室には映えます。

そのほか、お茶会の趣旨や規模によっても、着ていく着物が異なります。神社仏閣や日本庭園などで開催される大寄せのお茶会や仲間同士のお茶会には、小紋や紬で気軽に参加をするのがよいでしょう。一方、初風炉《しょぶろ》、口《くち》切《き》り、初釜などのような格式の高い席には、色留袖《いろとめそで》や訪問着、付け下げ、色無地などを着ます。

やわらかい色合いの無地は、どんな場面でも安心して着ることができます。写真のような箔《はく》づかいの格のある袋帯を合わせれば、初釜などにも。

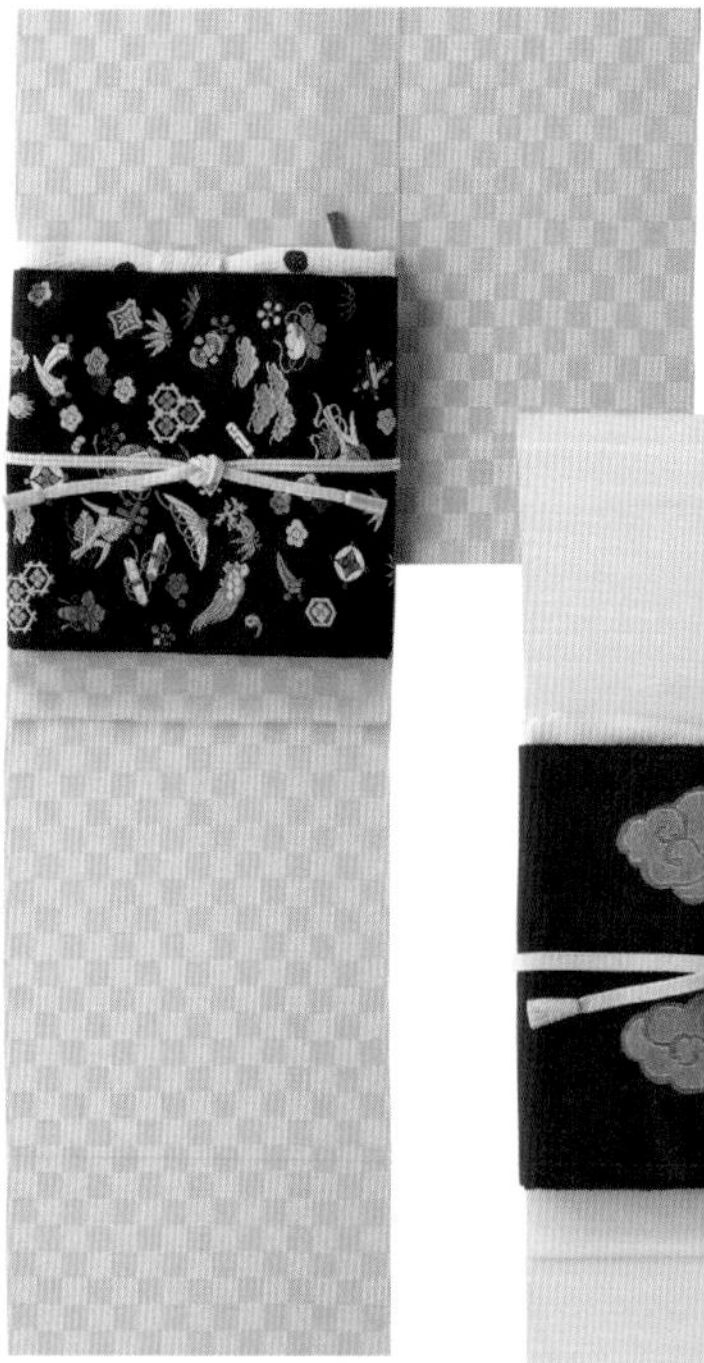

市松柄の優しい色の小紋は、ふっくらとした縮緬地なので、冬や春先におすすめ。宝尽くしの名古屋帯との組み合わせは、気軽な新春のお茶会に。

清々しいブルー地の横段の小紋は、無地感覚なので帯合わせでイメージが変わります。瑞雲《ずいうん》柄を織りだした帯は、お祝いのお茶会などに最適。

菊文様の付け下げに、菱文様の唐織《からおり》の袋帯を合わせた正統派の装い。肌をきれいに見せる明るい色は、茶室でも美しく映えます。家元が主催する格のあるお茶会には、訪問着や付け下げに袋帯を合わせたフォーマル感のある装いで。

TPO別着物揃え7

子どもの卒業・入学式に

控えめながらもきれいな地色の付け下げや訪問着でお祝いの心を

かつて、卒業式や入学式に出席する母親の装いは、色無地や小紋の着物に黒紋付きの羽織姿が一般的でした。黒紋付きの羽織は略礼装になりますが、現代ではほとんど見かけなくなりました。それに代わって登場したのが、付け下げや訪問着です。華やかな色柄のものもありますが、式典に出席する場合は、どちらかといえば控えめな色で小さな柄を選んだほうが、子どもに付き添う母親らしい落ち着きが出ます。

付け下げや訪問着以外では、一つ紋付きの色無地や江戸小紋もおすすめです。季節に合う優しい色合いを選び、格調の高い織りの袋帯を合わせます。訪問着か付け下げ、これに色無地を持っていると、かなり長い間、学校行事に活躍することでしょう。こうした式典で配慮したいのは、半衿です。清潔感と品格のある装いのためには、白が基本。刺繍入りを合わせる場合は、淡い色に控えめな柄をあしらったものを。成人式の振袖に合わせるような華やかなものは不向きです。

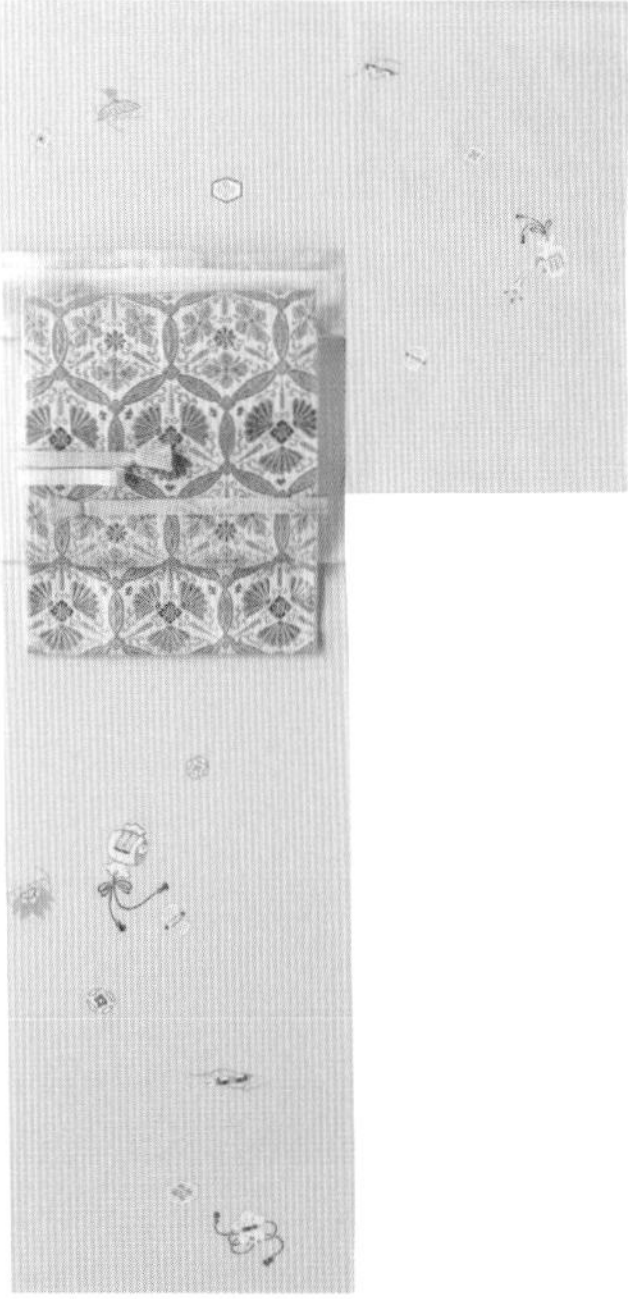

クリーム色に楚々とした宝尽くし文様を散らした飛び柄の付け下げ。おめでたい文様の袋帯で華やぎを添えて。

爽やかな水色の付け下げには、吉祥文様の七宝が飛んでいます。あえて今風に、更紗調のモダンな袋帯を合わせて個性的に。

シックなベージュ色の地に、絞りと刺繍で大輪の花を控えめにあしらった付け下げ。銀糸を織り込んだ格子柄の袋帯との同系色の組み合わせは、洋装の多い中でも違和感はありません。改まった席から各種パーティにも対応可能です。

宮参《みやまい》りや七五三《しちごさん》に

家族への感謝を込めて明るい地色の付け下げや訪問着を

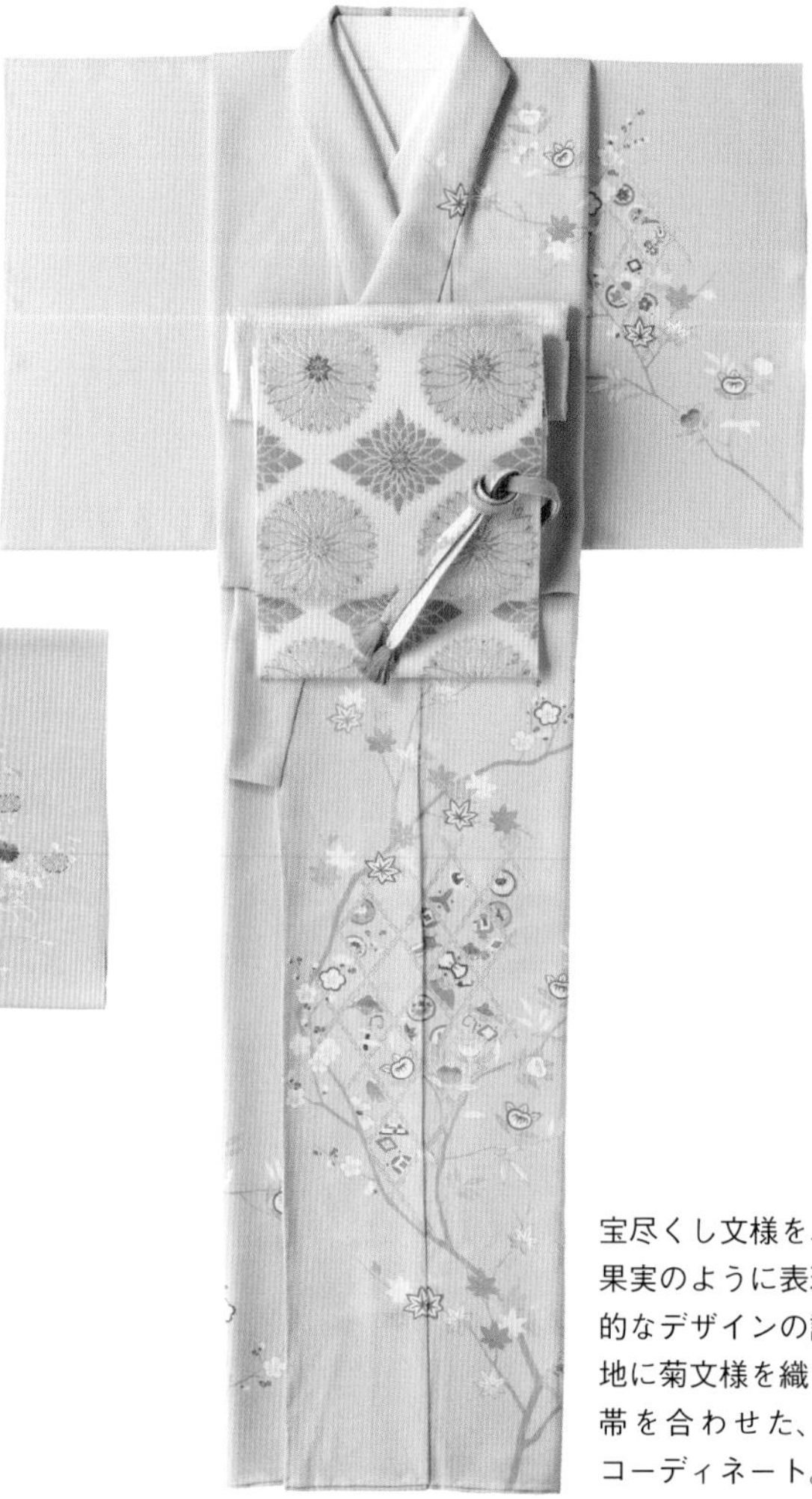

宝尽くし文様を、枝に実る果実のように表現した個性的なデザインの訪問着。白地に菊文様を織りだした袋帯を合わせた、爽やかなコーディネート。

甘すぎないピンク色の地に春秋の風景を染めた御所解《ごしょどき》文様の付け下げ。白地に葡《ぶ》萄唐草《どうからくさ》文様をあしらったすっきりとモダンな袋帯で、上品にまとめました。

内祝いの代表的なものに、宮参りや七五三があります。宮参りは出産の無事を感謝し、子どもの健やかな成長を願って、氏神様にお参りをする儀式です。七五三は江戸時代の「髪置きの祝い（3歳の男女児が前髪を伸ばす）」、「袴着《はかまぎ》の祝い（5歳の男児が初めて袴をつける）」、「帯解《おびと》きの祝い（7歳の女児が本裁《ほんだ》ちの着物に帯を締める）」の伝統にちなんだもので、現代も行われている子どものお祝いです。

付き添う母親の着物は、主役の子どもを引き立てるような控えめな色柄や地色が向きます。ただし、晴れの日にふさわしく、顔映りのよい明るい地色の付け下げや訪問着、色無地などを選び、格のある袋帯や織り名古屋帯を合わせるのがよいでしょう。着物や帯に吉祥文様が施されているもののほか、秋に行われる七五三なら季節感のある色柄を着るのもお洒落です。

澄んだ水色の地に、菊の葉の地紋起こしが生み出した白場《しろば》が浮かび上がった、透明感のある美しい無地感覚の付け下げ。お祝いの席には、吉祥文様（写真は四季の草花や鶴）を織りだした袋帯を合わせて華やかに装います。

TPO別着物揃え9

パーティで

その場の雰囲気に合わせ、メリハリのある色や柄で華やかに

パーティにもさまざまなタイプがあります。参加する場合は、どういう趣旨で開催されるのか、主催者や招待客の顔ぶれなどにも気を配り、当日の着物を選ぶようにします。結婚式の披露宴のような晴れの日のお呼ばれに着る場合や、目上の方の叙勲のお祝いの会などでは、主催者側に失礼のない装いを心がけ、主役を引き立てるような控えめなものを選ぶようにしましょう。

ここでは趣味の会の集まりや仲間内の気軽なパーティを想定して、個性的でモダンなコーディネートを紹介します。難しいドレスコードのない自由なパーティでは、自分らしい着こなしを楽しむチャンス。着物で出席する人が多いときは、ほかの人とはかぶらない大胆な色柄を選んだり、洋装中心なら一人だけ着物でも違和感のない洋服感覚のモダンなもの、外国人も参加するなら日本の伝統美を盛り込んだものなど、何かポイントを決めると選びやすくなります。

やや黄色がかった白地に、手描き友禅の線描きで四君子《しくんし》（蘭・竹・梅・菊）文様を表現した付け下げ。前帯にもたっぷりと柄のある、黒地の御所解文様の染め帯で大人のお洒落を。

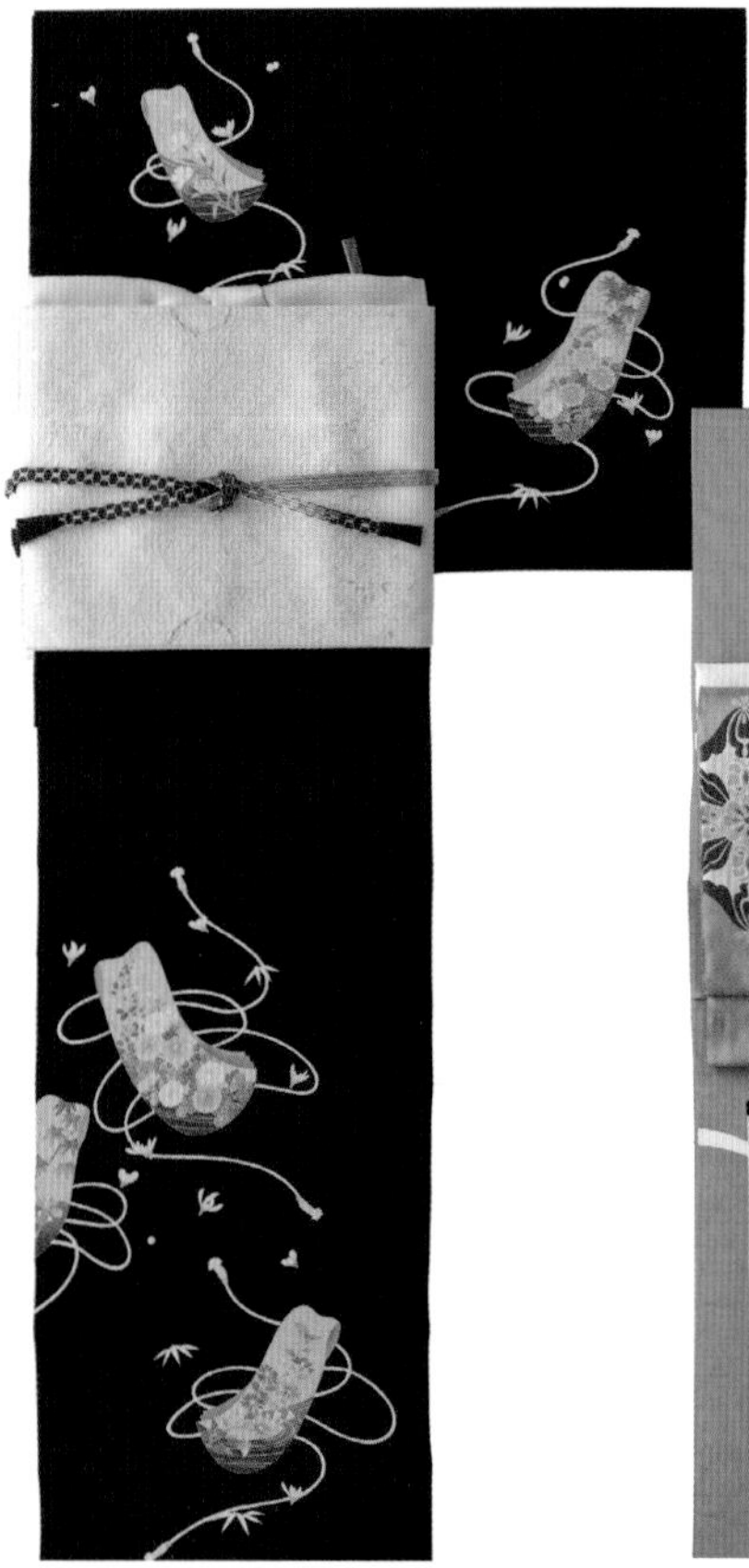

濃い地に誰《た》が袖《そで》（袖の形の匂い袋）文様の雅な付け下げ。白地の汕頭《スワトウ》刺繍の袋帯を合わせて、きりっとした印象に。外国人の多いパーティにも。

深みのあるターコイズブルーのアーティスティックな小紋。菱文を大胆に織りだしたクラシックな帯を引き締め役に。美術館でのレセプションなどにおすすめ。

鮮やかなブルー地に更紗模様を染め、さらに金で縁取ったり金を被せたりして華やかさを演出した印金更紗風の小紋。白地に宝剣を織りだした、格調の高い正倉院文様の袋帯でドレスアップを。小紋でも柄つけによって、お洒落な社交着に。

TPO別着物揃え10

結婚式で

会場や参列者の立場に合わせ、付け下げや訪問着で華やぎを添えて

結婚式や披露宴に、友人や同僚として招かれた場合には、訪問着や付け下げがよいでしょう。どちらも、手描き友禅や絞り、刺繍などの技法で、古典模様や草花模様が表現された華やかな着物です。色無地や江戸小紋を選ぶ場合は、できるだけ一つ紋をつけて格調高く装います。いずれも、帯は格のある織りの袋帯を合わせます。当日の主役は新郎新婦ですが、晴れの場を盛り上げるのも招待客の役目なので、あまり地味すぎたりカジュアルすぎるものは避け、華やかなものを着るように心がけましょう。レストランウエディングなどでは、小紋や織りの訪問着でも。

付け下げは訪問着に比べて柄が少なめなので、無地場《むじば》が多く少し寂しいと感じるようなら、帯や小物で華やかさを出すようにします。色無地や江戸小紋も同様です。例えば、半衿は白よりも、淡い地色に金銀入りの糸で刺繍を施したものを用いると、それだけで衿もとが華やいで見えます。

銀鼠の地に、流水と舟をイメージした文様を配したこだわりの付け下げ。裾模様がつながっているので豪華に見えます。金地の袋帯で上品に。

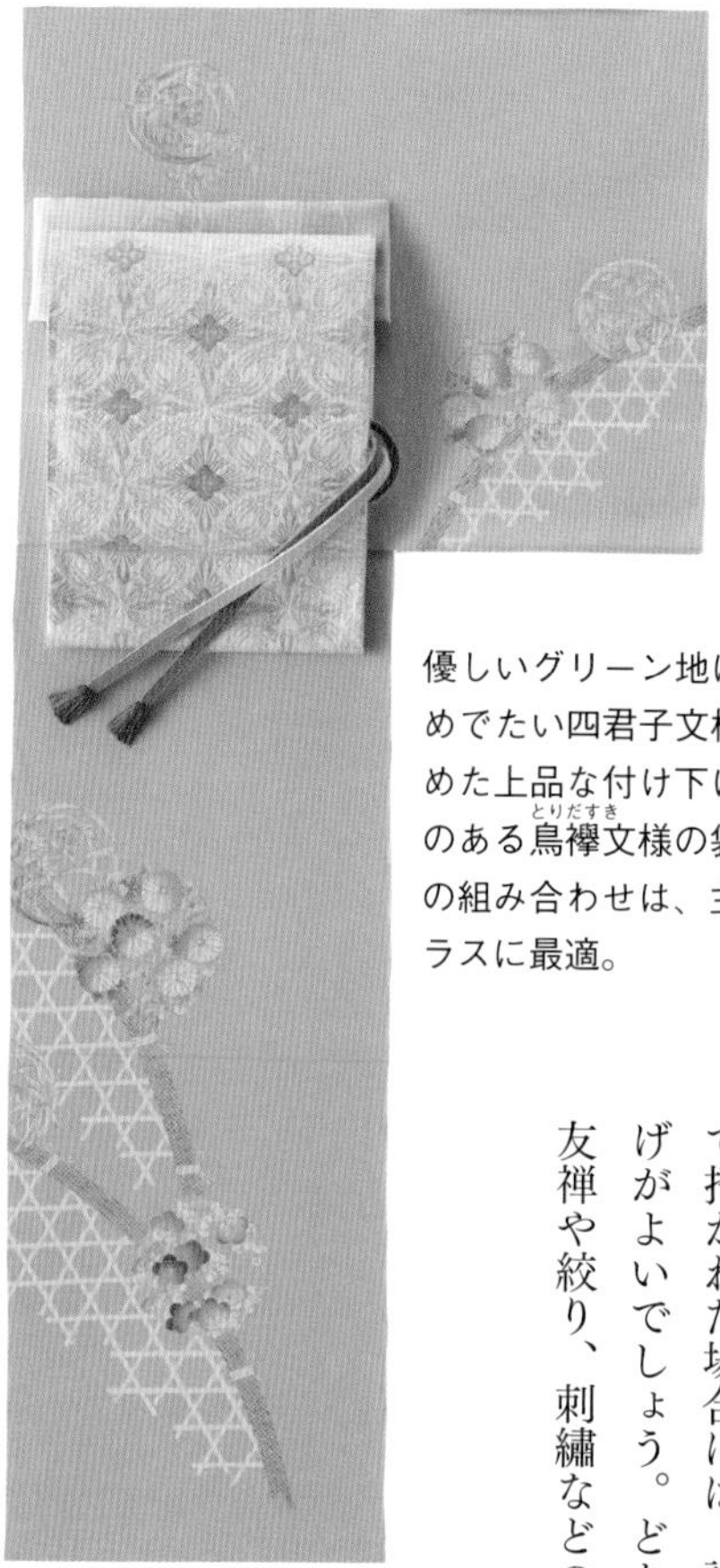

優しいグリーン地に、おめでたい四君子文様を染めた上品な付け下げ。格のある鳥襷《とりだすき》文様の袋帯との組み合わせは、主賓クラスに最適。

明るいクリーム色地に、華文をターコイズブルーで描いた現代感覚の付け下げ。七宝や青《せい》海波《がいは》、蜀江《しょっこう》文などを織りだした吉祥文様の袋帯との組み合わせは、気軽な結婚式にも。

フォーマルの定番ともいうべき、はんなりと上品な御所解の文様。落ち着いた香色《こういろ》地に伝統の技が冴える手描き友禅の訪問着。能装束をモチーフにした菊花文の唐織の袋帯で格調高く装います。帯締めとバッグの黒をアクセントに。

デパート

豊富な商品の中から、正統派の一式が揃います

日本橋三越本店

上・日本橋三越本店の呉服売り場は、本館4階にあります。小紋や紬などのお洒落着を探しているなら売り場中央を訪ねて。桐生さんもそこにいます。
左・入社以来、呉服売り場勤務の着物スペシャリストの桐生さん。白大島に鮮やかな若沖《じゃくちゅう》の鶏柄の染め帯で。「どんなことでも、お気軽に声をかけてください」

右・草履やバッグのコーナー。とくに草履の品揃えが豊富で、着物通から初心者までファンが多いのも納得です。
左・帯締め、帯揚げは、フォーマルからカジュアルまで、選ぶのに迷うほど。決められないときは、スタッフに選んでもらうと安心。

着物を購入する際の大切なポイントの一つがお店選びです。「どこで買ったらよいのかわからない」という場合は、まずデパートの呉服売り場へ。さまざまな人が出入りし、売り場面積も広いデパートは、下見もしやすく安心して買い物ができるところです。

「着物は難しい、と思われがちですが、基本的には洋服と同じようにお好みのものでよいので、あまり構えなくて大丈夫です。ただ、少しだけ意識してほしいのはTPOですね。迷っていらっしゃるお客さまには、いつ、どんな目的で、どのような場所で着用されるのかをお聞きして、それにふさわしいものをご提案するようにしています」と言うのは、日本橋三越本店の呉服売り場の桐生《きりゅう》千恵子《ちえこ》さん。

こちらの呉服売り場は、商品の充実度では国内トップクラス。カジュアルからフォーマルまで、男性用、子ども用など、あらゆるジャンルの着物が揃い、価格や品質もはっきりと表示されています。ほかにはない特選呉服の逸品ものから、着

物初心者の若い世代に向けたお手頃価格のもの、プレタポルテまで扱っています。着物や帯だけでなく、帯揚げや帯締め、履物、バッグのほか、表からは見えない腰紐や衿芯、肌着類などの小さな和装小物も充実。何度訪れてもそのたびに新しい発見があります。

◉おすすめのコーディネート

飛び柄小紋に織り名古屋帯

観劇やコンサート、食事会、お稽古事などに最適な小紋の装い。

小紋13万2000円（仕立て代別）
名古屋帯8万8000円（仕立て代込み）
帯揚げ1万9800円
帯締め2万2000円

貝桶《かいおけ》文様の付け下げに菱文の袋帯

結婚式や初釜、パーティ、入卒、七五三のお付き添いなどに向く、上品なフォーマル。

付け下げ17万3800円（仕立て代別）
袋帯16万5000円（仕立て代込み）
帯揚げ1万5400円
帯締め3万3000円

着物のメンテナンス（しみ抜きや洗い張り、染め替えなど）を依頼できる「きものご相談サロン」も。手持ちの着物も受け付けてもらえます。

日本橋三越本店
東京都中央区日本橋室町1-4-1
☎03-3241-3311
https://www.mistore.jp/store/nihombashi.html

お買い物案内2

呉服店

店主の好みによる品揃え、個性的な一品に出会えます

石田節子呉服店

呉服店とは、洋服の世界でいえばブティックのセレクトショップのような存在です。店主の好みや店のポリシーで、全国の産地や染織作家の作品を集めたり、あるいは店のオリジナルとして別注した着物や帯に力を入れるなど、独特の品揃え。着物全体を扱ってはいますが、大別すると、店によってフォーマルや社交着が得意のところとお洒落着の織りの着物などが中心のところとがあります。

「もともと紬などの織りの着物が好きでお店を始めたので、今でも商品の中心は織りの着物とそれに合う帯や小物です」と言う着物スタイリストの石田節子さん。石田さんが東京・西麻布に最初のお店「衣裳 らくや」をオープンしたのは、約24年前。現在は東京の着物の町、日本橋人形町に「石田節子呉服店」を展開しています。仮紐を使った楽ちん着付けの教室と小売店をセットにしたサロン風の店内は、石田さんの好みで集めた商品がずらり。自ら吟味してセレクトしたもので、仕入れをするときのポイントは「い

◉おすすめのコーディネート

格子柄の伊那紬に白鷹《しらたか》の花織帯
上質な手織りの信州紬は、帯で印象が変わります。同系色の帯でクールに。
紬49万5000円
九寸帯25万3000円
帯揚げ1万7600円
帯締め1万7600円

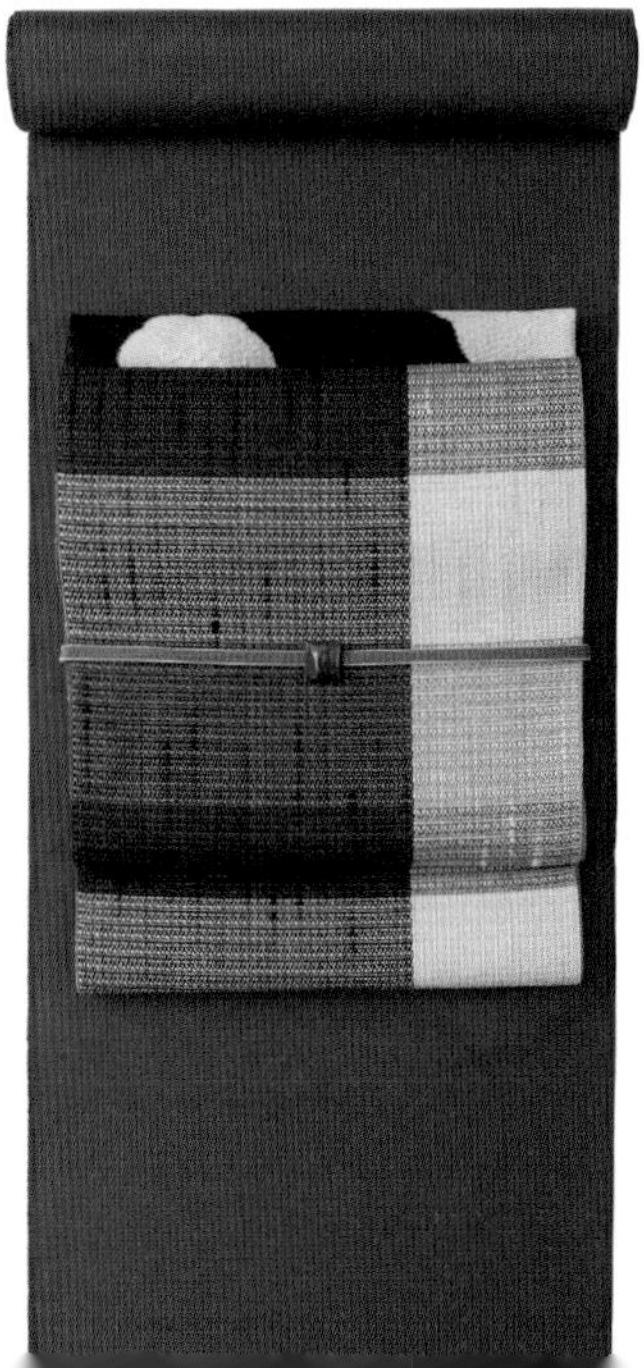

柿渋色の紬に米沢織の八寸帯
無地感覚の織りの着物は、帯合わせがしやすいので初心者に最適。
紬8万8000円
八寸帯8万8000円
帯揚げ2万2000円
三分紐6600円
帯留め7700円

かに使いまわしができるか」。石田さん自身も１枚の着物を帯や小物で印象を変えて、日々の装いをアレンジしています。「紬ならそれができるんですね。着物を一枚買っていただいてそれで終わりではなく、そこから発展して楽しんでいただきたい。その楽しさを提案するのが私たち小売店の役割かなと思っています」

ビルの2階にある本店。こぢんまりとした店内は居心地がよく、つい長居をしてしまうお客さまが多いそう。「呉服店に来たら、何か買わなきゃいけないということはありません。いろいろな商品を見て、触れて、楽しんでほしいですね。ほかにはない小物もたくさんあるので、それを見るだけでもいいんですよ」と石田さん。

右・今は亡き池田重子先生のもとで学んだ石田さんは、師匠の影響もあり「帯留め」は装いの仕上げ。粋なモチーフの帯留めを用意しているので、いろいろ見せてもらえます。
上・着物の袖口や振りからちらりと見えるだけの長襦袢地に、こだわりを持っている石田さんのセレクトの一部。織りの着物を中心に扱う小売店ならではの楽しみです。

石田節子呉服店
東京都中央区日本橋富沢町9-9
矢島ビル2階
☎03-6661-2709
https://setsukoishida.jp/forsale/

大好評の石田節子さんのYou Tube「きもの せっちゃんねる」では、毎回、着物に関するさまざまな情報をお届け中。親しみやすい語り口で、着物の楽しさを伝えてくれます。

 価格はすべて税込です。

着物の各部の名称

着物の各部には、袖《そで》、前身頃《まえみごろ》、後ろ身頃、衽《おくみ》などの名前があります。
和装独特の呼び名も多いので、難しく感じるかもしれませんが、
着物に親しんでいくうちに、自然と身についていきます。

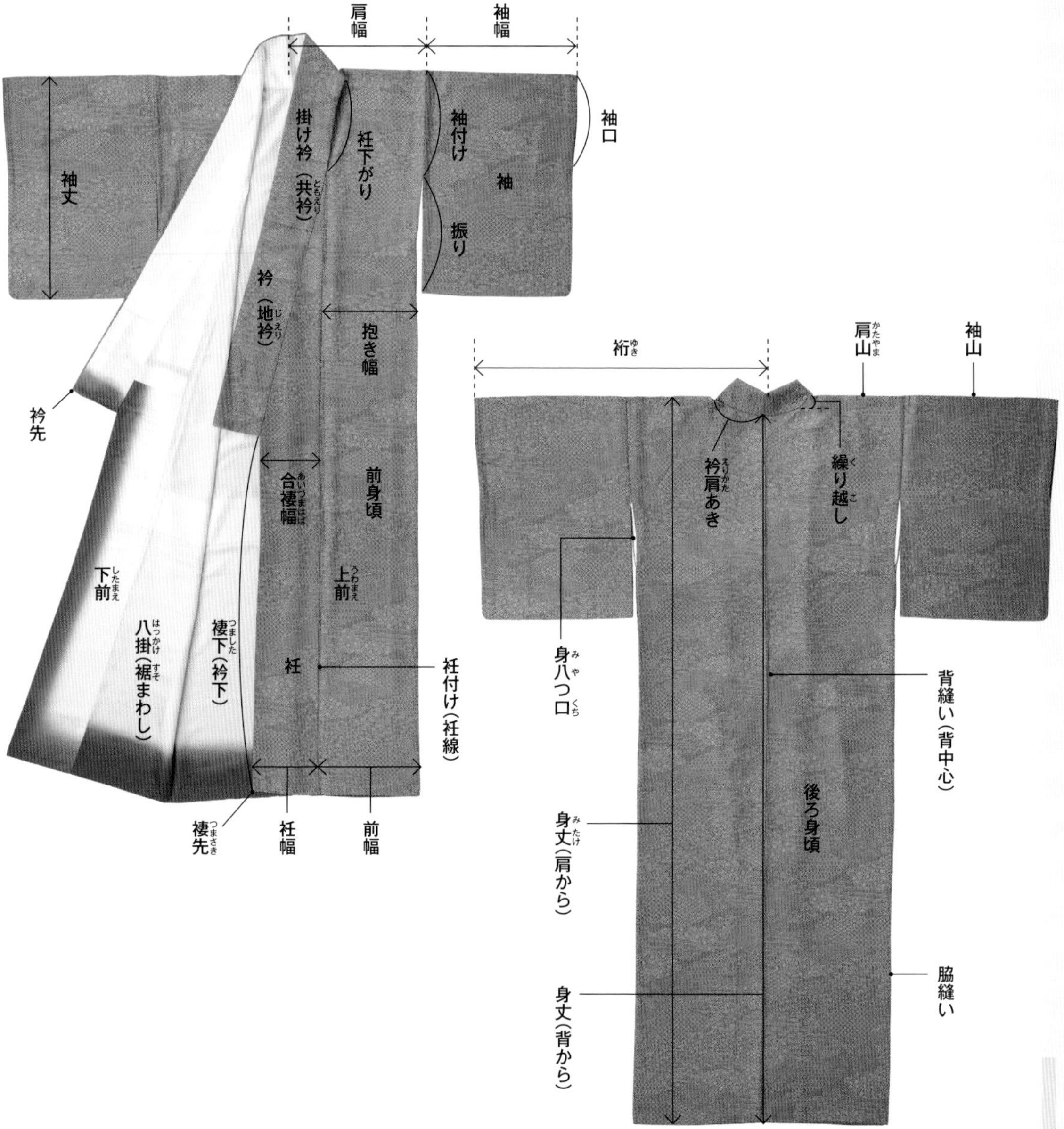

PART
2

着物と帯の種類

着物は帯を締めることで、着姿が完成しますが、
その着物と帯は、生地の素材や柄つけなどによって
ランク（格）が変わり、着ていく場所にも大きく影響します。
まずは、基本的な着物と帯の種類を覚え、
それぞれの特徴を知りましょう。
奥深い着物の世界ですが、少しずつ知識を蓄えることで、
和装の新たな楽しみ方が見えてきます。

着物の種類

1

黒留袖《くろとめそで》

五つ紋《いつつもん》付きの黒地《くろじ》裾模様《すそもよう》で、祝儀のための第一礼装

おめでたい貝桶《かいおけ》文様を手描き友禅で表現した黒留袖。文様は金泥《きんでい》や刺繍が施された豪華な仕上がり。

五つ紋

「紋」とは「紋章」のことで、日本では昔からすべての家に家紋があります。五つ紋は背中心、両外袖、両胸につけます。このほか、三つ紋（背中心と両外袖）、一つ紋（背中心）がありますが、黒留袖は染め抜き五つ紋と決まっています。

江戸時代、女性が18歳を迎えたり、結婚すると、それまで着ていた振袖の長い袖を切って短くする習慣がありました。この風習を「留袖」といい、留袖は黒地とは限らず、大人の女性が着る着物全般を指しました。19世紀の初め頃に、当時は「江戸褄《えどづま》」と呼ばれた黒地染め抜き日向《ひなた》五つ紋の裾模様の着物を既婚女性の式服とする習慣が民間に広がり、それ以来、この着物を黒留袖と呼んでいます。

現在の黒留袖の生地は、しぼの小さな一越縮緬《ひとこしちりめん》か羽二重《はぶたえ》です。本来は白羽二重の着物を重ねて着ていましたが、今は着やすいように付《つ》け比翼《ひよく》をつけた仕立てになっています。模様は裾だけにありますが、縫い目で模様がとぎれない絵羽《えば》模様になっています。模様も祝儀の席にふさわしい吉祥《きっしょう》文様や有職《ゆうそく》文様、正倉院《しょうそういん》文様などが主流で、帯もそれに合わせて金銀箔《はく》が施された格調の高いものを合わせます。黒留袖を着用するのは、結婚式では主に新郎新婦の母親とその親族などです。

◎黒留袖のコーディネート（結婚式）

比翼

衿、袖口、振り、衽《おくみ》に白い布（比翼）をつけて、着物を2枚重ねたように仕立ててあります。

半衿

白の塩瀬《しおぜ》素材を用いるのが基本ですが、11月頃から2月頃は、白の縮緬素材も温かみがあります。ほかに、白地に地紋入りでも。

五つ紋

5か所にもっとも正式な染め抜き日向五つ紋をつけるのが、礼装の決まり。

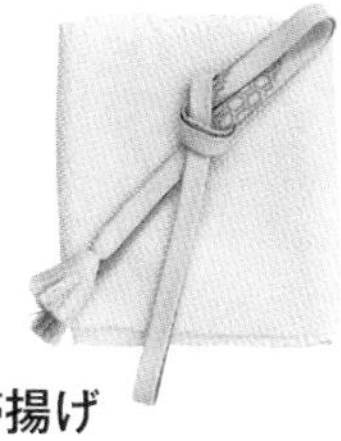

帯揚げ

白の綸子《りんず》、または総絞りで、金銀をあしらったものもあります。

帯締め

白に金銀、あるいは金糸銀糸だけの平組《ひらぐみ》や丸組を。

末広《すえひろ》

礼装用の扇子で、黒留袖には木の部分が黒塗りの黒骨で、地紙《じがみ》は金銀のもの。この扇子ではあおぎません。

帯

金糸銀糸のいずれかの地色に、格調の高い模様を織りだした袋帯を合わせ、二重太鼓に。

バッグ

金糸銀糸の小ぶりの抱え型、または手提げタイプでも。

黒留袖

模様は好みですが、裾模様の位置は年代に合わせて。若い人は高く、年配者は低いと落ち着きます。

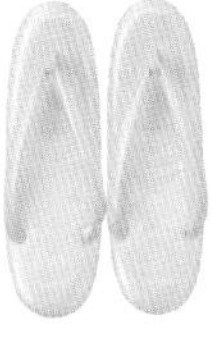

草履

金銀白の台と鼻緒、またはバッグとお揃いでも。

明るい地色に、露芝《つゆしば》、桜、菊などの春秋柄を辻が花絞りで染めた色留袖。優しく控えめな柄は、結婚式から茶席まで着ることができます。

着物の種類

2

色留袖《いろとめそで》

黒以外で染めた一色染め。紋の数によって第一礼装や準礼装に

黒以外の色で染めた留袖を色留袖と呼びます。黒留袖にはいくつかの決まり事がありますが、色留袖は目的に合わせて仕立てを考えることができます。たとえば、黒留袖と同じように染め抜きの日向五つ紋、白い比翼をつけた場合は第一礼装となり、黒留袖と同格です。結婚式で、新郎新婦の母親が黒留袖を着るのに対して、新郎新婦の親族（叔母・伯母・姉妹）は五つ紋の色留袖を着用します。また、宮中では黒留袖は着用しないため、各行事（勲章伝達式・園遊会など）には色留袖を用います。さらに、黒留袖は既婚女性が着るものという風習が残っていますが、色留袖は既婚未婚に関係なく着ることが一般的になりました。

幅広く着用するために、五つ紋をつけず三つ紋や一つ紋をつける人も増えています。紋の数が減ると、準礼装になりますが、結婚披露宴の一般招待客、格式のある茶席や各種パーティなどには十分着ることができます。紋は第一礼装以外で着るなら、好みによって加賀紋や刺繍紋などの洒落紋《しゃれもん》を選んで個性的に装うのも素敵です。

◎色留袖のコーディネート（結婚式・宮中行事・格式ある茶席など）

伊達衿《だてえり》

白い比翼を伊達衿で代用する場合は、金銀白か淡い色を。

半衿

白の塩瀬素材を基本に、白の紋入りや刺繡が施された華やかなものを。

紋

五つ紋、三つ紋、一つ紋のいずれかを。第一礼装の場合は染め抜き日向五つ紋で。

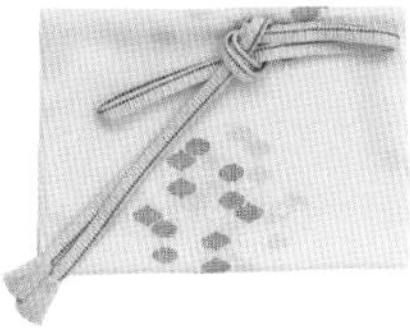

帯揚げ

綸子または総絞りの白の無地が基本。白に金銀をあしらったものも。

帯締め

白が基本。白に金銀入りか、金糸銀糸だけの平組を。

末広

金銀の地紙で、黒または白骨を用います。

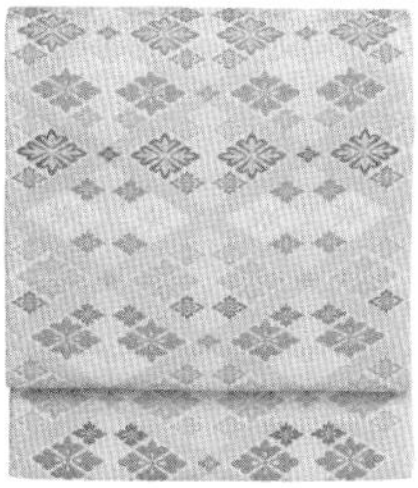

帯

五つ紋付きの色留袖には、黒留袖と同格の重厚な袋帯を。少し軽くしたいときは、訪問着に合わせる袋帯でも。

バッグ

古典文様の上品な布製バッグなどで、小ぶりの抱え型か手提げタイプを。

草履

バッグとお揃いでもよい。金銀白で、台と鼻緒の色が同じものが正装用。

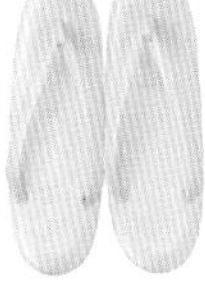

色留袖

好みの地色に、絵羽模様の友禅染や刺繡などが施された裾模様。黒留袖より訪問着のような軽めの模様が主流。

着物の種類 3

振《ふり》袖《そで》

袖丈の長い華やかな着物で、若い女性の第一礼装。社交着としても活躍

絵羽模様の華やかな京友禅の振袖。鮮やかなブルー地に、菊、紅葉、萩などの秋草を中心に、春にも着られるように桜も配されています。

振袖という名称が生まれたのは、江戸時代初期です。当時の振袖は、子どもと18歳までの未婚女性が着る着物で、振りのある（袖付けから袖下までが開いている）長い袖は、若さの象徴でもありました。今も長い袖が持つ意味は変わりませんが、既婚女性も年代にふさわしい色柄の振袖を着用する時代になりました。第一礼装として着る場合は、五つ紋が決まりですが、紋は柄の多い振袖に埋もれてしまい、あまり効果が発揮できません。そのせいか紋をつける習慣は減りつつあり、無紋でも晴れ着として着用できます。

振袖の袖の長さは、大振り袖、中振り袖、小振り袖など数種類あります。どれにするかは好みですが、もっとも一般的なものは中振り袖で、袖の長さは100センチほど。着用すると袖が床に着く感じですが、誂える場合は身長によって微調整をします。

生地は縮緬や光沢のある綸子が主流で、吉祥文様を織りだした地紋も人気。それらの白生地に、代表的な友禅染のほか、型染め、絞り染め、刺繍、箔置きなど、多彩な技法によって、華やかな模様が染められます。

◎振袖のコーディネート（成人式・パーティなど）

伊達衿

振袖には欠かせないアクセサリーの一つで、重ね衿ともいいます。着物の模様の中から一色を選ぶと調和します。

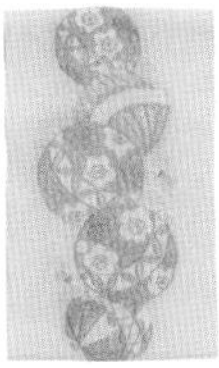

半衿

白の塩瀬や縮緬のほか、色地の刺繍半衿も華やか。

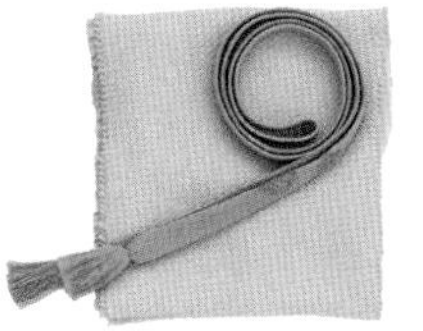

帯揚げ

総絞りの帯揚げは帯の上から見せるようにして飾り、ボリューム感を出します。

帯締め

金糸銀糸が組み込まれた幅広の平組や丸組を。ほかに飾り紐タイプもあります。

帯

格調高い華やかな袋帯を、変わり結びにするのがお洒落。写真は定番の立て矢結び。

振袖

古典文様や四季の草花が描かれたものなど、友禅染の華やかなデザインが主流。地色はカラフルなもののほか、白地や黒地などもあるので、好みで選びます。

バッグ

小ぶりな手提げタイプが似合います。写真は赤いボストン型で、宝尽くしの刺繍入り。

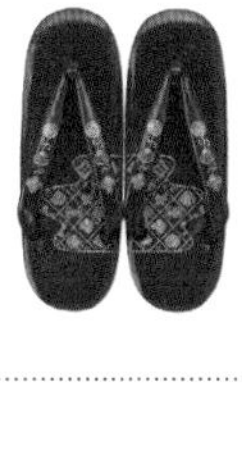

草履

バッグとお揃いの草履。または、台と鼻緒が同じ色のものを。

着物の種類

4

訪問着《ほうもんぎ》

もっとも活用範囲の広い着物。柄つけによって披露宴から茶席まで

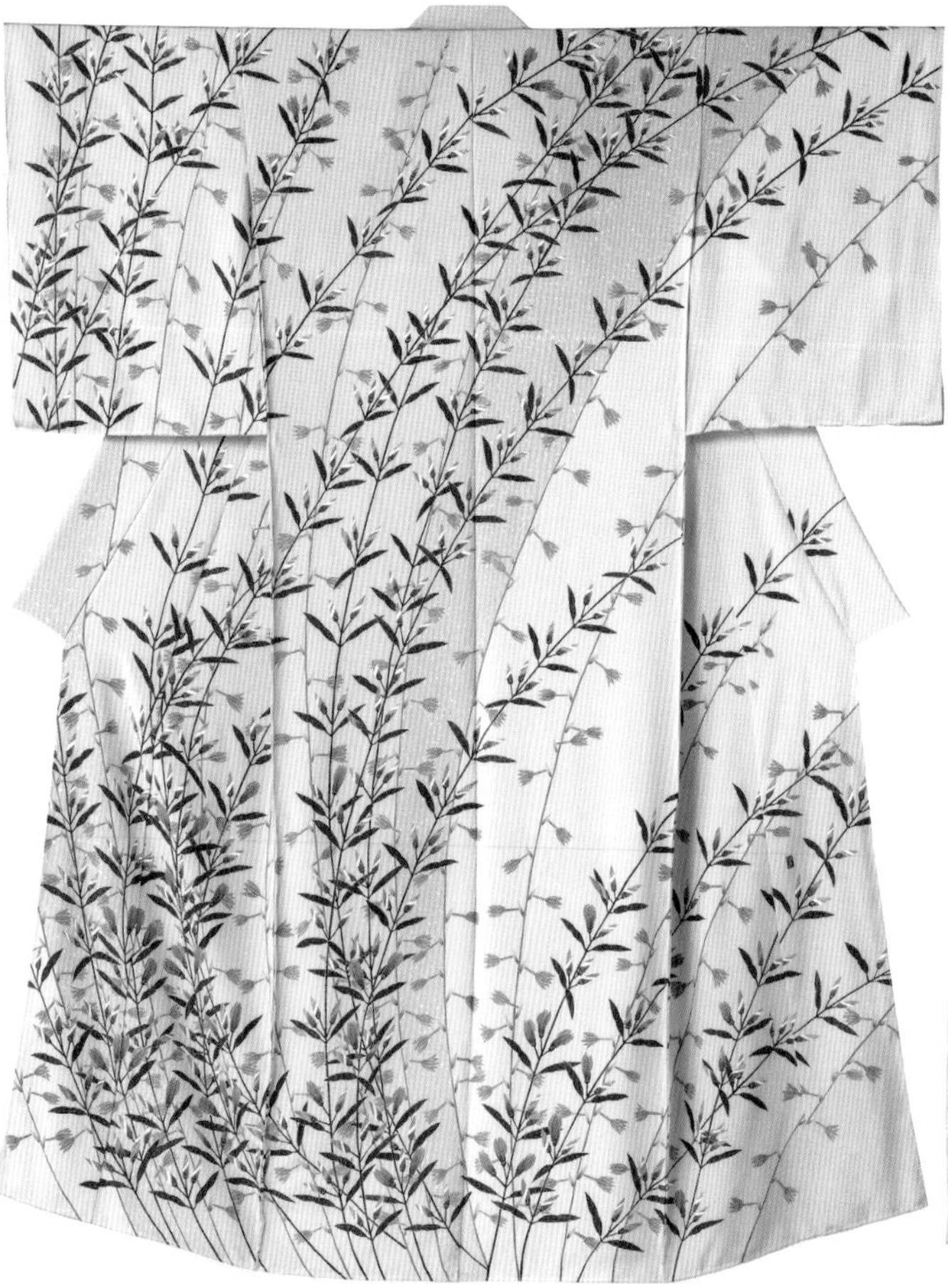

優しい色合いで竜胆《りんどう》を伸びやかに表現した加賀友禅の訪問着。竜胆の流れるようなラインが、着姿をすっきりと見せてくれます。

躍動的な波の柄を総絞りで表した贅沢な訪問着。金銀が煌めく松文様の袋帯で、祝賀パーティなどに。

大人の女性が着る着物の中で、色留袖の次にフォーマルで、お洒落な要素を持った着物が訪問着です。明治時代に英語のビジティングドレスと同格の着物として、「訪問服」と名付けられましたが、現代では「訪問着」と呼ばれています。訪問用の着物なので、かつては三つ紋をつけるのが普通でしたが、現代は略して一つ紋か、または無紋で仕立てることが主流になりました。紋をつけないほうが、大げさにならずさまざまな場所に来て行けるからでしょう。

生地の素材は、縮緬、綸子、緞子《どんす》、羽二重、紋意匠《もんいしょう》、紬《つむぎ》、絽《ろ》、紗《しゃ》などがあり、さまざまな模様をあしらいます。

模様のつけ方は、肩、袖、裾に絵羽模様を施したもの、全体に模様を置いたものなど、多種多様です。一般的な絵羽模様は、白生地を裁って着物の形に仮仕立てをし、そこに下絵を描きます。ほどいて一枚の布に戻してから、その下絵に沿って友禅染や絞り染め、刺繍などをあしらいます。模様は古典的なものからモダンなもの、染織作家による個性派もあります。

◎訪問着のコーディネート（結婚式・パーティなど）

伊達衿

華やかに見せたいときは、着物の中の一色を伊達衿（重ね衿）に。茶席の場合は使いません。

半衿

白地のほか、パーティでは刺繍があしらわれたものも華やか。

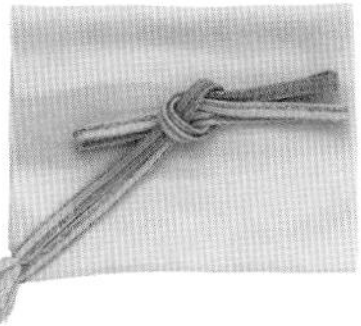

帯揚げ

着物に調和する淡い色のぼかしなど。綸子や絞りがおすすめ。

帯締め

金銀白のほか、着物の地色に合う淡い色を。

末広

金銀の地紙で、黒または白骨。訪問着の場合は省略しても。

帯

金銀を用いた錦織《にしきおり》、綴織《つづれおり》などの格調高い袋帯を。

バッグ

金銀を使った抱え型か、小ぶりの手提げタイプを。

草履

台と鼻緒が同じ色で、かかとが高いもの。金銀白、または淡いピンクなど。

訪問着

絵羽模様や肩裾模様などを施した染めの着物。写真は淡いブルー地に四季の草花を散らした古典文様で、結婚式から茶席まで。

着物の種類
5

付《つ》け下《さ》げ

訪問着の略式で、柄が少なめ。小紋よりよそゆきの社交着

やや青みがかった淡いピンク色の地に、金彩や金駒《きんこま》刺繍で紅白の唐松《からまつ》をあしらった付け下げ。落ち着いた松葉色の袋帯を合わせて、各種お祝いの席に。

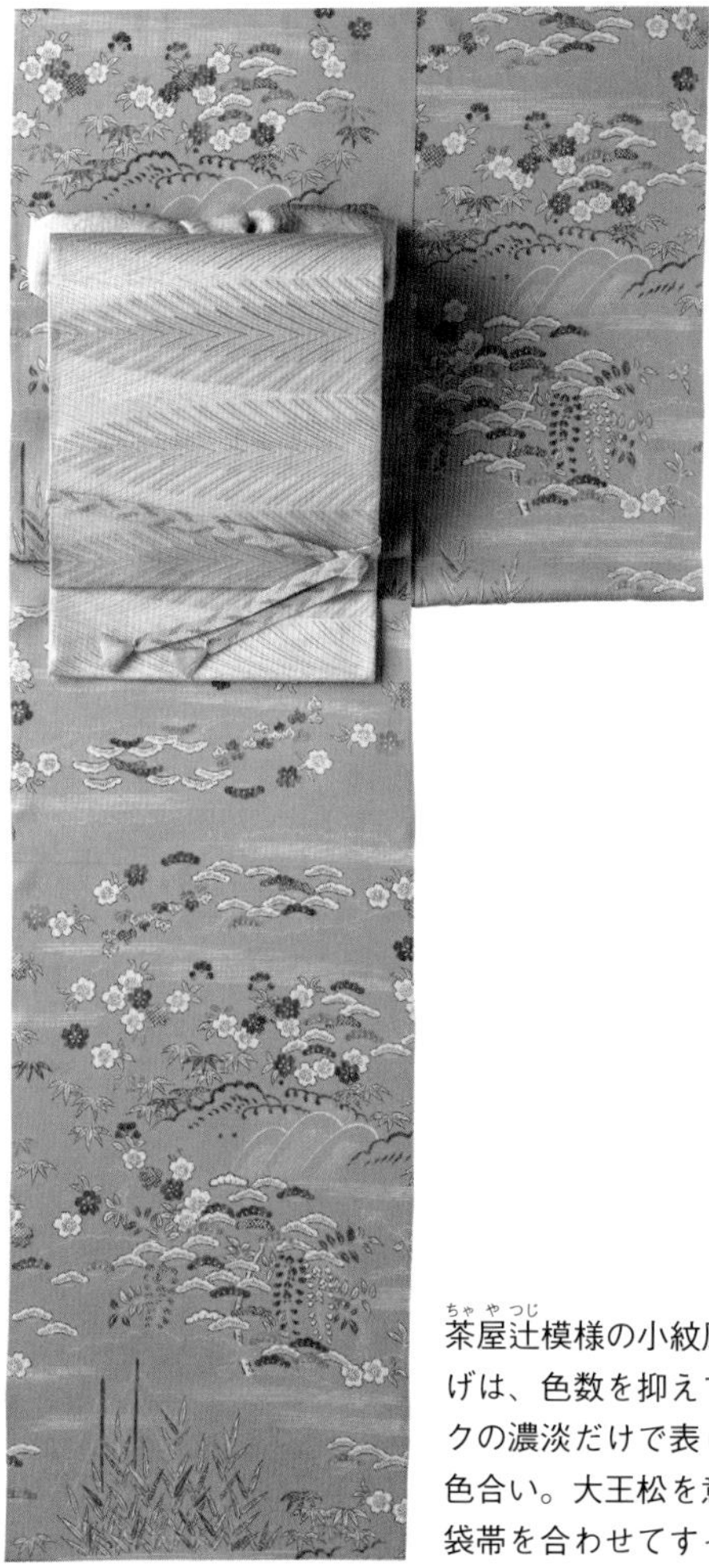

茶屋辻《ちゃやつじ》模様の小紋風の付け下げは、色数を抑えて白とピンクの濃淡だけで表した上品な色合い。大王松を意匠化した袋帯を合わせてすっきりと。

見た目の柄つけは訪問着と似ていますが、左右の身頃や肩から袖にかけて、模様がつながっていません。模様の量も訪問着よりは控えめですが、これは華美な訪問着が禁止された戦時下に考案された柄つけといわれています。訪問着のような絵羽模様ではないため、制作する際も反物の状態で、着たときに模様がすべて上を向くように描きます。近年は応用範囲が広いことから、この控えめな柄つけが人気になったために、上前の衽と前身頃の縫い目で模様がつながるように作られたものもあり、付け下げ訪問着とも呼ばれる華やかなものもあります。

ただ、本来は大げさすぎないシンプルな柄つけが付け下げの魅力で、洒落た絵柄をポイント的にあしらった無地感覚のデザインも多く見られます。こうした付け下げは披露宴からパーティ、茶席、観劇、趣味の集まりなど幅広く着用できるので、訪問着より気軽な社交着として多くの着物好きに親しまれています。無地場《むじば》の多いものは、アクセントとして一つ紋をつけるのも素敵です。

◎付け下げのコーディネート（結婚式・パーティなど）

半衿

白の塩瀬や縮緬のほか、白の紋織《もんおり》や刺繡入りも。無地場の多い付け下げには、衿もとに華やぎを添えて。

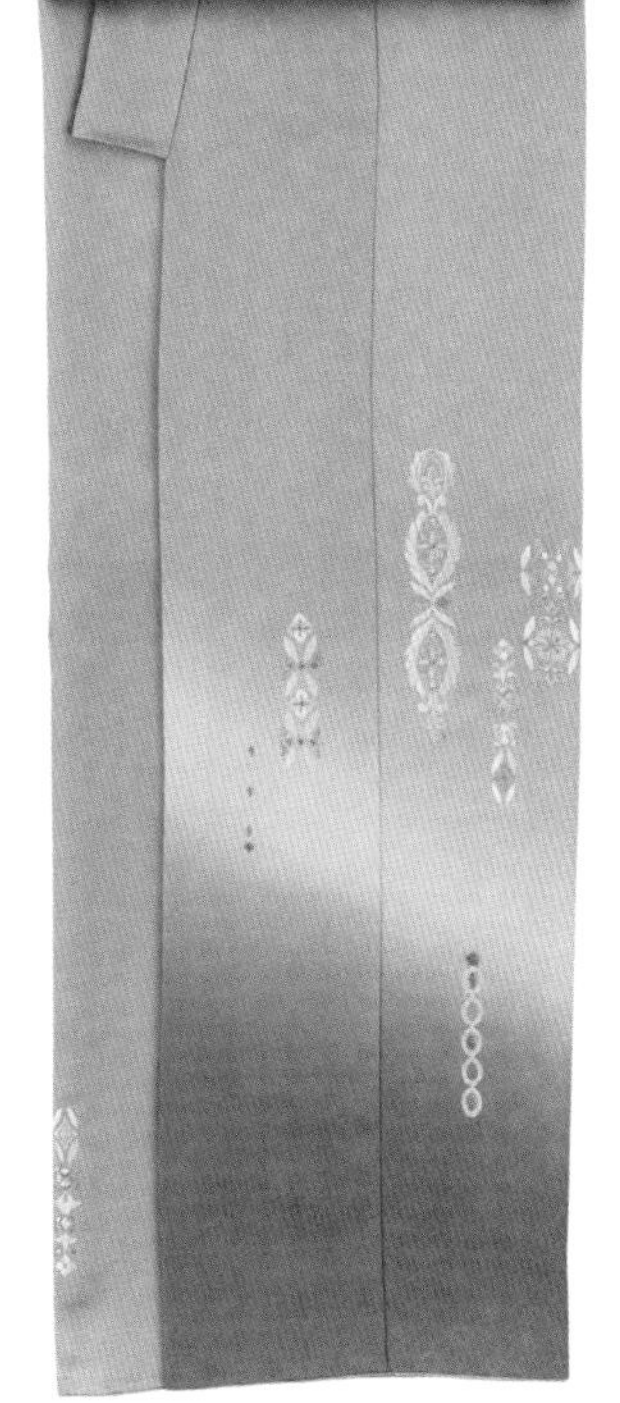

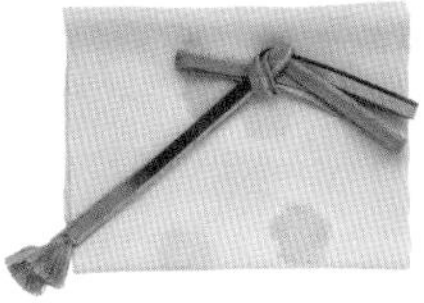

帯揚げ

帯の中の一色、クリーム色を選んで、やわらかい印象に。

帯締め

帯揚げの色に調和するクリーム色系をベースに、濃い色を加えてメリハリをつけました。

帯

付け下げの柄に七宝《しっぽう》が用いられているため、七宝繫ぎ文様の袋帯を合わせて統一感を出しました。七宝の中に松菱《まつびし》が織りだされたおめでたい意匠。

付け下げ

訪問着のような華やかなものから、無地感覚のものまで多彩。こちらは紫色のぼかしに、七宝などの文様をジュエリーのようにあしらったドレス風のデザイン。オペラやバレエ鑑賞におすすめ。

末広

祝儀用の扇子はなくてもよいのですが、改まった装いのアクセントにもなります。

バッグ

フォーマル用の手提げタイプか抱え型を。

草履

金銀が重すぎる場合は、着物に調和する淡い色を。または白系なら、どんな着物にも合います。

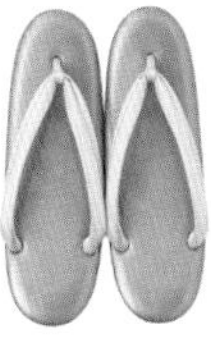

着物の種類 6

色《いろ》無《む》地《じ》

一色で染めた無地の着物。紋をつけて、慶弔《けいちょう》両用《りょうよう》の準礼装に

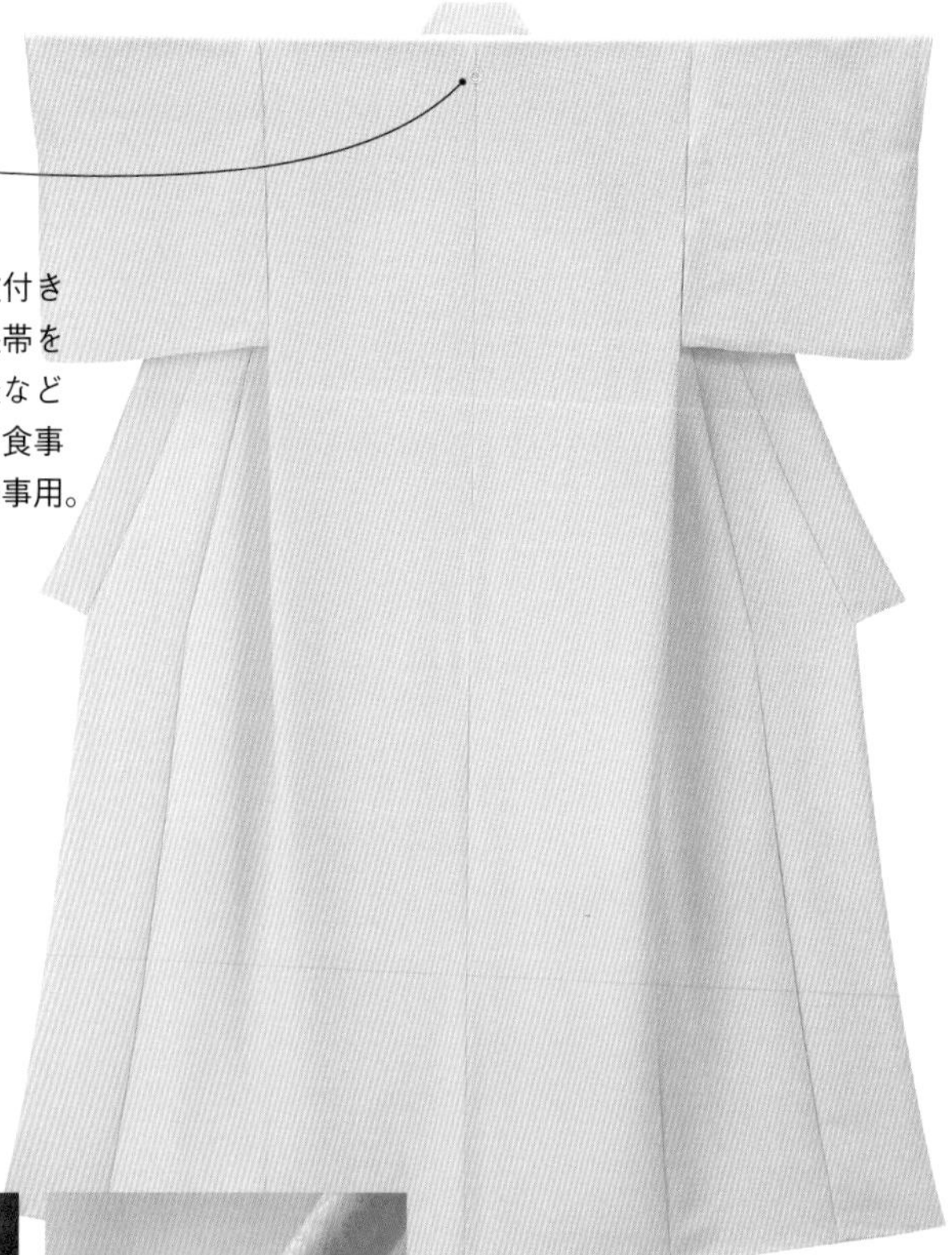

もっとも一般的な一つ紋付きの色無地。格式のある袋帯を合わせれば結婚式や初釜などに、名古屋帯なら観劇や食事会に。明るい黄色系は慶事用。

右・染める前の白生地
色無地に用いる白生地は、縮緬、綸子、地紋入り御召《おめし》、紬などさまざまな種類があります。用途に合わせて、適したものを。

左・染めた後の色無地
白生地を染めたものが色無地。同じ地紋入りでも、色によって印象が変わります。写真のブルー系とベージュ系は、どちらも慶弔両用に。

もしも、限られた枚数で着物を揃えるなら、ぜひワードローブに加えたいのが色無地です。一色染めなので、単調に思えるかもしれませんが、生地選びや紋のあしらい方によって表情が変わり、帯合わせがしやすく、半衿によって衿もとのお洒落も楽しめます。

色無地は基本的に、まず白生地を選びますが、この白生地には地紋のないものと地紋入り（綸子や紋意匠）があり、それぞれ仕上がりが異なります。地紋のないものはシンプルな美しさがあり、地紋入りの場合は立体感が魅力。地紋入りを慶弔に両用したいのなら流水や雲、波などの模様を、慶事用なら吉祥文様をおすすめします。色は好みでよいのですが、明るく華やかなものは慶事に、両用にする場合は紫、藍《あい》、緑、グレーなどが向きます。

また、色無地に欠かせないのが紋です。五つ紋を入れると改まった式服になり、三つ紋は無紋の訪問着よりも格上とされます。

もっとも一般的なのは一つ紋で、正式な染め抜き紋以外に、加賀紋や刺繍紋をつけることもできます。

◎色無地のコーディネート（結婚式・パーティなど）

半衿

白にボリュームのある地紋入りで、衿もとを若々しく。白の塩瀬や縮緬の場合は、伊達衿を重ねて華やかさを出すのもお洒落。

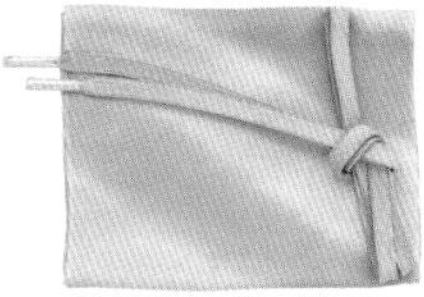

帯揚げ

色無地が寒色系なので、黄色やピンクなどの暖色系でやわらかさを。

帯締め

ピンクとブルーの2色づかいで華やかに。

帯

結婚式のようなおめでたい席には、古典柄の袋帯がよくなじみます。若い人が着用するなら、金糸銀糸を控えめにして、お洒落感を優先。

色無地

綺麗なパステルグリーンの色無地は、幾何学模様の控えめな地紋入り。合わせる帯で印象が変わります。慶事用。

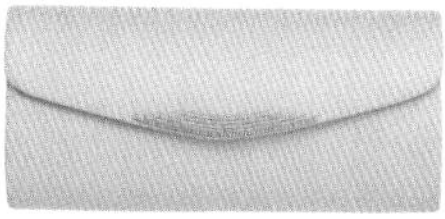

バッグ

祝儀用にはお洒落なパーティ用を。手提げタイプの場合も、小ぶりなものがエレガントに見えます。

草履

布製の太めの鼻緒をあしらったはきやすい草履。淡い色なら台と鼻緒は別々の色でも。

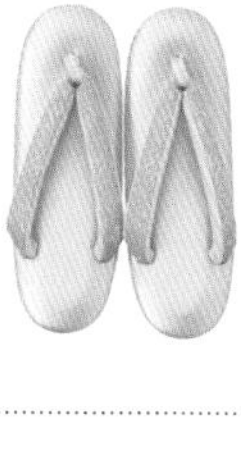

着物の種類 7

喪《も》服《ふく》

黒無地は喪の第一礼装。紫やグレーなどの色無地は略礼装に

色喪服

地味な色の無地染めの着物で、一般的に染め抜き日向一つ紋付きが主流。これに黒喪帯か色喪帯を合わせます。

色喪服の色調

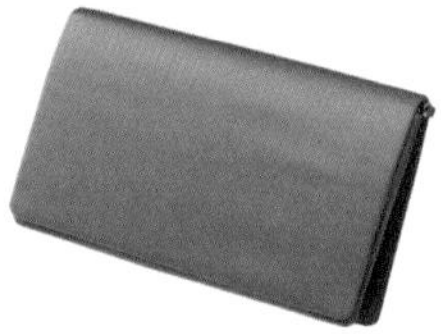

色喪服のバッグや草履は、黒に限らずグレーなどを合わせてもかまいません。

地味な地色に、蓮の花やお悔やみの文字（写真は偲）があしらわれた色喪帯。帯留めはどちらも蓮の花をモチーフにしています。

　喪服の場合、着物の格は着物と帯の組み合わせによって決まります。もっとも格の高い装いは、黒喪服と黒喪帯（黒共帯《くろともおび》ともいう）で、着物も帯も黒です。続いて、黒喪服と色喪帯（色共帯ともいう）、色喪服と黒喪帯、色喪服と色喪帯の順で、略式になります。色喪服とは地味な色の色無地や江戸小紋、色喪帯とは紫やグレーなどに蓮《はす》の花や梵字《ぼんじ》があしらわれたもの。地域によって異なりますが、親族は三回忌までは黒喪服を着用し、それ以降は色喪服を着る場合が多いようです。

　袷《あわせ》の黒喪服の生地は、縮緬または羽二重が一般的です。これに黒留袖と同じように染め抜き日向五つ紋をつけて、喪の第一礼装とします。合わせる帯は、繻子《しゅす》地や緞子、綸子地などの袋帯か名古屋帯。地紋は菊、唐草、流水、梵字、家紋などを選びます。

　色喪服の場合は、地味な色調の縮緬のような光らないものを選び、色無地の地紋入りは吉祥文様を避けます。江戸小紋は鮫《さめ》、格通《かくどお》し、行儀《ぎょうぎ》などの細かな裃柄《かみしもがら》が向きます。色喪帯は喪服用に限らず、着物と調和する地味な袋帯や名古屋帯も活用できます。

◎喪服のコーディネート（葬儀・告別式・四十九日など）

比翼

黒留袖同様、比翼がついている黒喪服もありますが、決まりはないので、比翼をつけるかどうかは好みで選びます。

半衿

塩瀬の白半衿を基本とし、11月から2月は白の縮緬でも。

五つ紋

黒喪服には必ず染め抜き日向五つ紋をつけて、弔意を表します。

帯揚げ

喪の正装には必ず黒を。素材は綸子がすっきりとおさまります。

帯締め

帯揚げと同様に黒を用います。写真のような丸ぐけのほか、高《こう》麗組《らいぐみ》や笹浪組《ささなみぐみ》も格があります。

喪扇《もせん》

藍色の地紙につや消しの黒骨が正式。左胸の帯揚げと帯の間に差します。

黒喪帯（黒共帯）

古典文様などの地紋を織りだしたものが一般的。こちらは綴織で、蓮の花が織り込まれています。

バッグ

抱え型、手提げなど小ぶりのもので、光沢のない黒の布製が正式。

草履

黒で、布製が正式。革製の場合は、つや消しの台と鼻緒を選びます。

黒喪服

黒一色で染めた着物。黒に染めるには二通りの方法があります。藍に染めてから黒に染める藍下《あいした》は関東風、紅に染めてから黒に染める紅下《べにした》は関西風。

着物の種類

8

小紋《こもん》

全体に柄のある型染めの着物は、ワンピース感覚で楽しみたい

更紗《さらさ》模様の小紋は洋服感覚で楽しめる一枚。金糸と漆箔《うるしはく》を用いた帯を合わせてシックにまとめました。小物で色をプラスして華やかさを。

ヨーロッパ風の模様（華文）がブルーのグラデーションで浮き上がる段ぼかしの総柄小紋。淡緑色の魚々子縞《ななこじま》袋帯を合わせるとフォーマル度が上がります。

着物全体に柄のある総模様の着物で、洋服でいえば、プリント柄のワンピースに似ています。一部手描きもありますが、基本的には何枚もの型紙を用いて染める型染め技法によって、華やかな色柄を表現します。

着物の格としては付け下げの下になりますが、柄つけによっては付け下げのように部分的に柄を施したものも。訪問着や付け下げを着ていくほどではないけれど、織りの着物ではラフすぎる、というちょっとお洒落をしたいときに便利です。

生地は縮緬や綸子のほか、紬にも染められます。華やかな京友禅をイメージしがちですが、すっきりとした江戸小紋や加賀小紋、沖縄の紅型《びんがた》や藍型《えーがた》、臈纈《ろうけつ》染め、絞り染めなど、それぞれ特徴のある技法で染められ、バリエーションは豊富です。

帯や小物で着こなしに変化をつけられるのも小紋の魅力の一つ。目上の方へのご挨拶など、改まった日には伝統的な文様を織りだした袋帯や織り名古屋帯を合わせ、観劇や食事会には洒落《しゃれ》袋帯《ぶくろおび》や染め名古屋帯を合わせて個性を演出できます。

◎小紋のコーディネート（コンサート・食事会など）

半衿

基本は白の塩瀬か縮緬。華やかに見せるなら、白や淡い色に刺繍入りも。

帯揚げ

帯の柄の中の一色、鮮やかな黄色をアクセントカラーに。

帯締め

黄色と相性のよい濃いめのグリーンで、全体を引き締めます。

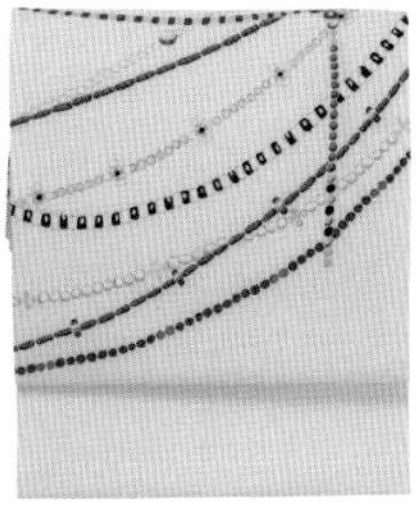

帯

ビーズのような模様がアートっぽい染め名古屋帯。合わせる着物によって、さまざまな表情が楽しめます。

小紋

伝統的な組み合わせでは、「染めの着物に織りの帯」といわれますが、小紋に染め帯でやわらかく装うのもお洒落。

バッグ

レトロな感じの手提げタイプが、着物に調和します。

草履

濃い地の台に白い鼻緒が爽やか。台は色が濃いほどカジュアル感が増します。

着物の種類 9

紬《つむぎ》

趣味性の強い織りの着物の代表。糸によって仕上がりの表情が変わる

グレートーンの格子《こうし》がモダンな下井《しもい》紬《つむぎ》は、ざっくりとした風合い。ほととぎすの花を染めた同系色の型絵染めの帯できりっとした印象に。

鮮やかな自然の色と織り模様が美しい黄八丈の着物地。どんな帯でも合いますが、気軽に楽しむなら半幅帯《はんはばおび》でも。手描きの臈纈染めの更紗模様の帯でお洒落度アップ。

紬は糸の状態で染めてから反物に織り上げる「先染《さきぞ》め」の着物です。さまざまな柄がありますが、白生地に柄を染めたものではなく、色糸を織ることによって表現される織り柄です。その中には、白い反物に織ってから模様を染めたものもあり、絵羽模様に仕上げた紬の訪問着なども制作されています。かつての紬の多くは、養蚕《ようさん》農家が商品化できない繭糸《けんし》を使って織ったことから、ふだん着とされてきました。ところが現代は伝統技術が高く評価され、お洒落着や社交着としても親しまれています。

全国の産地で作られている紬は、結《ゆう》城《き》紬《つむぎ》や大島紬《おおしまつむぎ》など産地名をつけて呼ばれます。本来の紬は、真綿を紡いで糸にした紬糸を用いたものをさしましたが、大島紬や黄八丈《きはちじょう》のように生糸で織られたものも紬と称される場合があります。紬に合わせる帯は、染め名古屋帯や金糸銀糸が入らない洒落袋帯が主流です。染め帯を合わせるとやわらかく、織り帯を合わせるとシャープな印象になります。半衿や帯揚げ、帯締めによっても遊べるので、着る人の個性が発揮できる着物です。

◎紬のコーディネート（趣味の集まり・買い物など）

半衿

白の塩瀬や縮緬のほか、刺繡衿や小紋柄の半衿も紬ならでは。

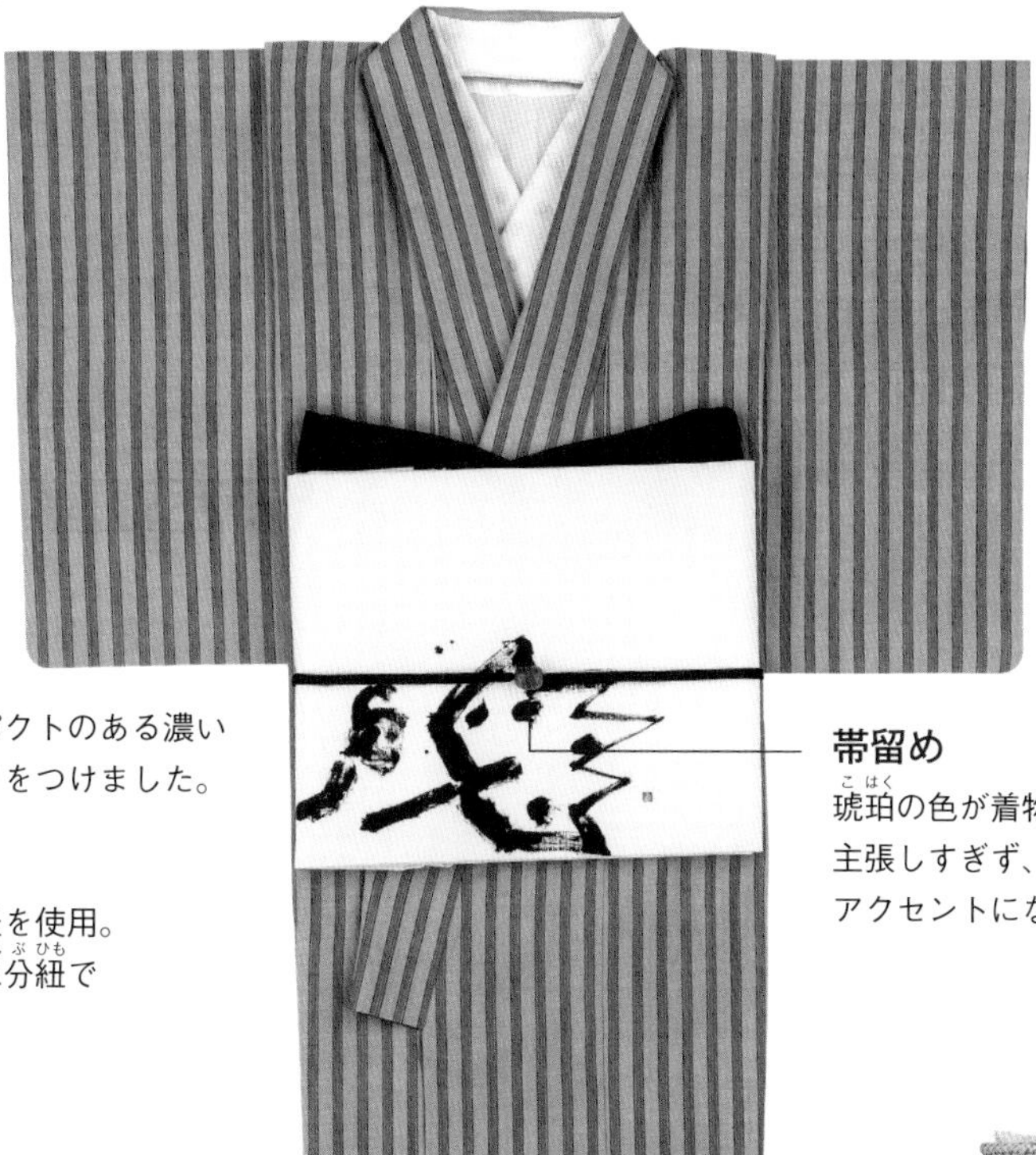

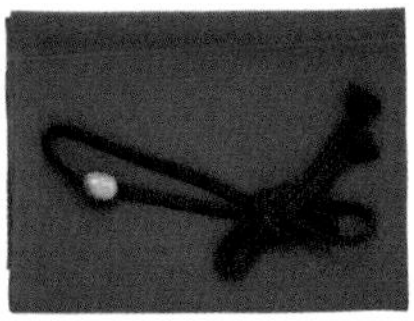

帯揚げ

白地の帯なので、インパクトのある濃い地を合わせて、メリハリをつけました。

帯締め

帯留めの場合は、細い紐を使用。帯揚げに合わせた黒の三分紐《さんぶひも》ですっきり。

帯留め

琥珀《こはく》の色が着物に調和し、主張しすぎず、さりげないアクセントになっています。

帯

白地に甲骨文字を墨描きしたオリジナル。個性的な帯が合うのも、カジュアルな紬ならでは。

バッグ

フォーマル用以外なら、どんなタイプでも。ナチュラルなかごバッグは、紬の素材感と調和します。

草履

白木の台に黒い小紋柄の鼻緒が粋な下駄《げた》。草履なら、濃い地の台を。

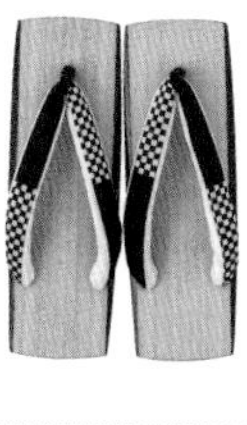

紬

無地から縞、格子、絣《かすり》などさまざまな色柄があります。カジュアルに装いたいときは、縞や格子で軽やかに。

着物の種類 10

浴衣《ゆかた》

涼しく、楽しく着る 盛夏《せいか》のファッションアイテム

水色と白の縞柄が涼しげな小《お》千谷縮《ぢやちぢみ》。黒地にライン模様を織りだした帯で引き締めて。

紬風の生地に、松材の煤《すす》を染料にした松煙《しょうえん》染めの浴衣は大きな麻の葉模様がポイント。生成りの麻帯ですっきりと。

水に浮かべた染料を横に流して染めた墨流し染めの浴衣。綿絽に手描きの唐草文様が楽しい半幅帯で。

今、夏のくつろぎ着・遊び着として欠かせない浴衣は、かつて貴人が入浴のときに着た麻の湯帷子《ゆかたびら》がルーツとされています。江戸時代になると、木綿《もめん》栽培が盛んになったこともあり、木綿素材の浴衣が湯上がりの着物として大流行。やがて庶民の夏のくつろぎ着になり、今では街着や遊び着として定着しています。浴衣で外出する場合は、肌着を身につけます。とくに透ける素材は注意を。

現代の浴衣はカラフルな色柄が一般的になっていますが、江戸時代の伝統を受け継ぐ浴衣も健在で、白地に藍、藍地に白で、秋草や朝顔、とんぼ、流水などが染められています。昔から、昼間は目に清々しい濃い地、夜は闇の中でさわやかに見える白地がよいとされたようです。時代も環境も違いますが、こうした江戸っ子たちの知恵や情緒を知っておくと、浴衣選びにも役立ちます。素材は代表的な平織の綿コーマのほか、綿絽《めんろ》、綿麻、綿紅梅《めんこうばい》、綿紬など多種多様です。ほかに高級感のある絞り染めや両面染め、絹紅梅なども。いずれも半幅帯や兵児帯、気軽な名古屋帯で軽やかに装います。

◎浴衣のコーディネート（お祭り・花火大会など）

浴衣

鮮やかな藍染めの浴衣は、板《いた》締《じ》め技法の一つ、雪花絞りによるもの。白く染め抜いた模様が、雪の花（結晶）のように見えることから、この名があります。素材は木綿。

帯

花火大会など夏の遊び着としての浴衣は、半幅帯や兵児帯で気軽に。リバーシブルの半幅帯は、両面使えて便利。

この浴衣をお出かけに着る場合は、夏用の半衿（麻など）をつけた長《なが》襦袢《じゅばん》を着ます。帯も夏用の名古屋帯などを合わせ、足袋をはきます。

バッグ

ナチュラルなかごバッグが調和します。

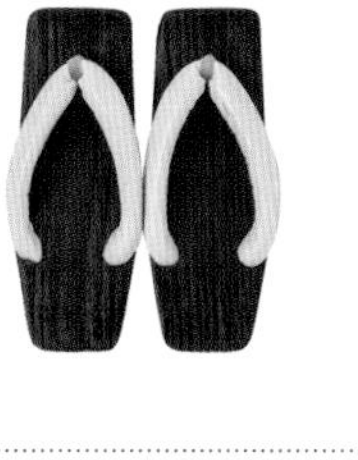

下駄

素足ではく場合は、下駄を。台は黒っぽいほうがよごれが目立ちません。

帯の種類 1

袋帯《ふくろおび》

表に多彩な模様をつけ、裏は無地や地紋入り

現代のフォーマル用の帯の中で、もっとも広く活用されている帯です。丸帯に代わって、大正時代に考案されました。当時、袋状に織られていたことから袋帯の名がありますが、今では表と裏を別々に織って、両端をかがったものが主流です。このかがったものを縫い袋帯、袋状のものを本袋帯とも呼びます。

袋帯の多くは、金糸銀糸を使った礼装用ですが、金銀を使わず、あるいは控えめにして色糸中心で模様を織り上げたものもあり、区別するためにこちらを「洒落袋帯」と呼ぶようになりました。洒落袋帯は留袖や訪問着ではなく、紬や小紋のお洒落着、茶席用の付け下げ、色無地、江戸小紋などに合わせます。どちらも長さは同じなので、二重太鼓に結びます。

金糸を用いた礼装用の袋帯。幅八寸二分（約31センチ）、長さ一丈一尺（約4メートル17センチ）以上あり、二重太鼓や変わり結びができる長さ。

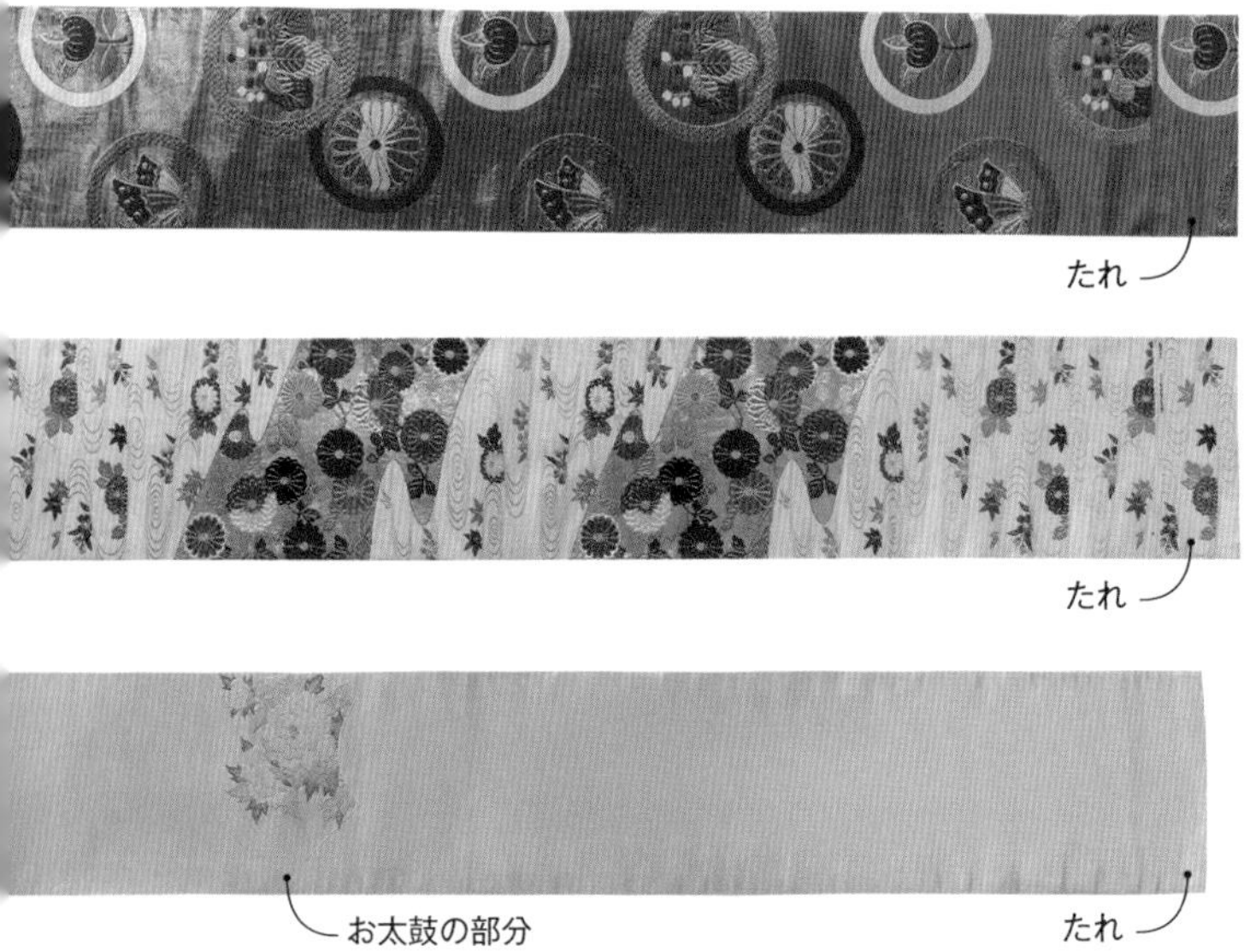

袋帯は帯端を内側に折ってかがり、仕立てます。

MEMO

幅の広い丸帯

女性の帯の中でもっとも豪華な帯。幅70センチほどの帯地を二つに折って端を縫うため、表も裏も同じ柄になります。江戸時代中期に考案されましたが、和装の軽装化とともに一般的ではなくなり、現代では主に舞妓や花嫁用の帯として用いられています。

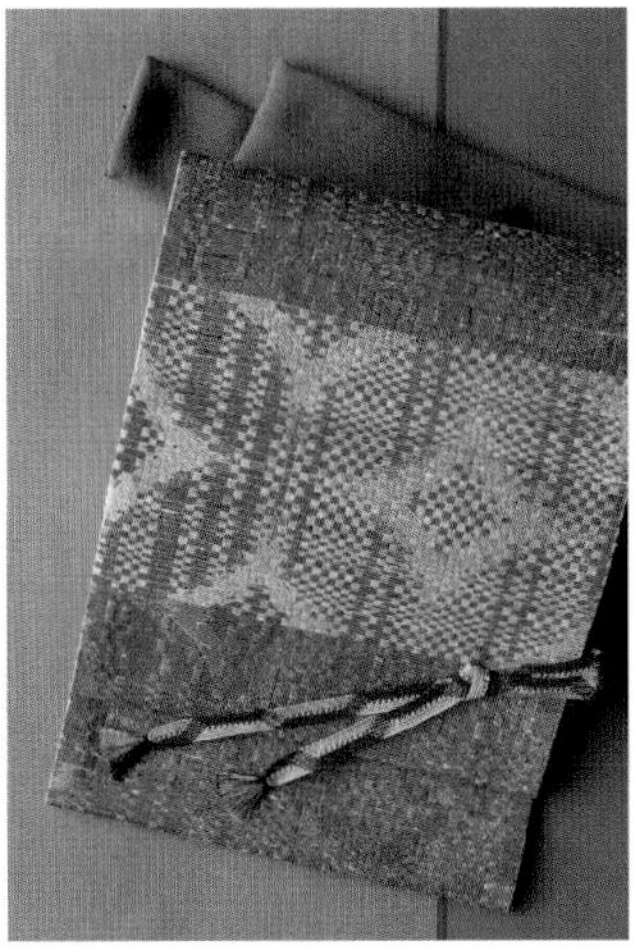

洒落袋帯
モダンな柄を織りだした趣味性の強い袋帯。

お太鼓の部分が二枚になった二重太鼓。

帯の柄つけ

江戸時代にはさまざまな帯結びが流行しましたが、当時の帯が無地や総柄だったことも影響しているようです。江戸末期にお太鼓結びが登場すると、帯の柄つけは大きく変化します。明治時代にお太鼓結びが定着すると、帯の柄つけも進化し、全通《ぜんつう》柄《がら》からコスト削減のために六通《ろくつう》柄《がら》へ、昭和初期になるとさらに簡略化されて、お太鼓柄が考案されました。現在は、「全通柄」「六通柄」「お太鼓柄」があり、織り帯、染め帯ともに共通で、袋帯、名古屋帯、袋名古屋帯にもあります。

全通柄
全体に模様を配したもの。無地場がないので、自由な帯結びが楽しめます。

六通柄
全体の6割程度に模様をつけたもの。隠れてしまう部分には柄はありません。

お太鼓柄
お太鼓と前帯の部分に柄をつけたもの。名古屋帯に多く見られます。

帯の種類

2

名古屋帯《なごやおび》

準礼装からカジュアルまで、もっとも利用範囲が広い

大正時代に名古屋の女学校の先生が考案したことから、「名古屋帯」と呼ばれるようになったと伝えられています。名古屋帯は染織技法の違いから、織り名古屋帯と染め名古屋帯に分かれます。織り名古屋帯は、袋帯に近い織りの品格を持ちながらも一重太鼓に結ぶため、袋帯より気軽に締められます。

格調の高い模様を織りだした織り名古屋帯は、付け下げや色無地にも合います。染め名古屋帯は塩瀬や縮緬、紬地などの白生地に手描きや型染め、絞り染めなどで模様を表現したもので、季節感のある模様も多く描かれます。小紋や紬に合わせて街着として楽しむのに適しています。

名古屋帯の帯地は着物の反物のように、巻いた状態で販売されています。幅は九寸（約34センチ）、長さは一丈二尺二寸（約4メートル63センチ）以上です。このままでは締められないため、仕立てが必要です。現代は「名古屋仕立て」「松葉仕立て」「額縁仕立て」などがあり、好みで選びます。

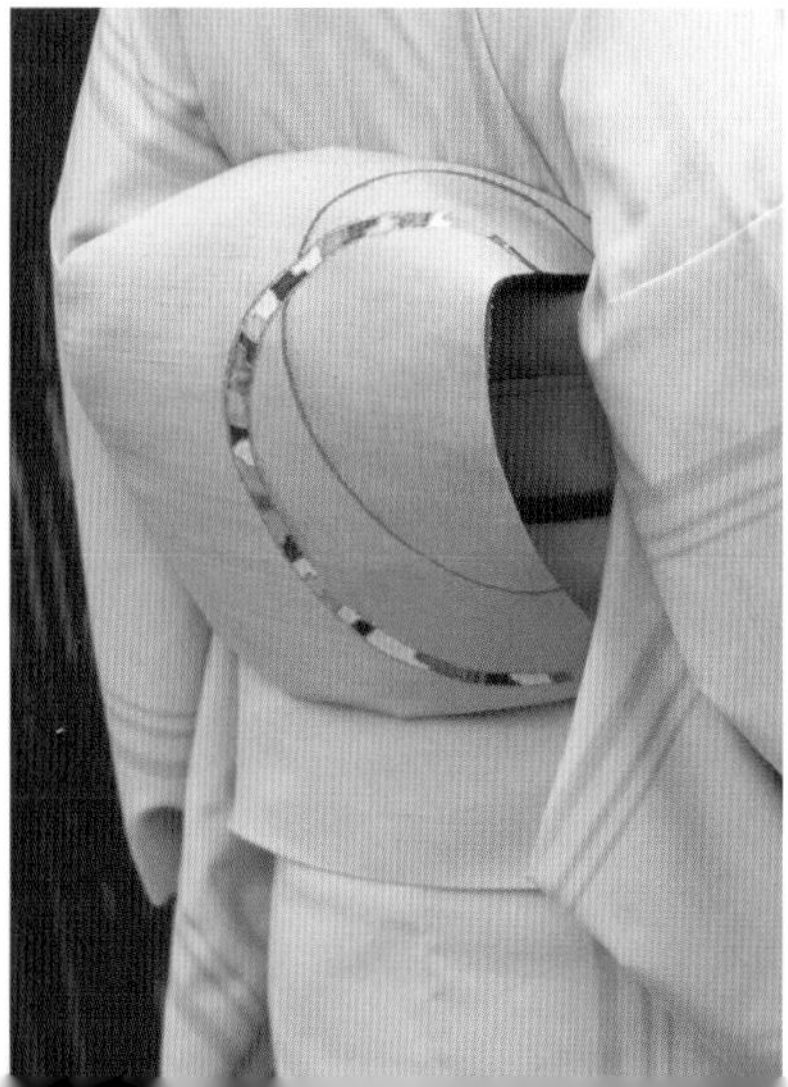

上・仕立てる前の染め名古屋帯（型染め、絞り染め、臈纈染め、紅型など）。着物の反物のように見えますが、巻きが短いので帯とわかります。この状態のものを、名古屋仕立て、松葉仕立て、額縁仕立てのいずれかに仕立てます。

左・袋帯より長さが短い名古屋帯は、お太鼓が1枚になった一重太鼓に結びます。

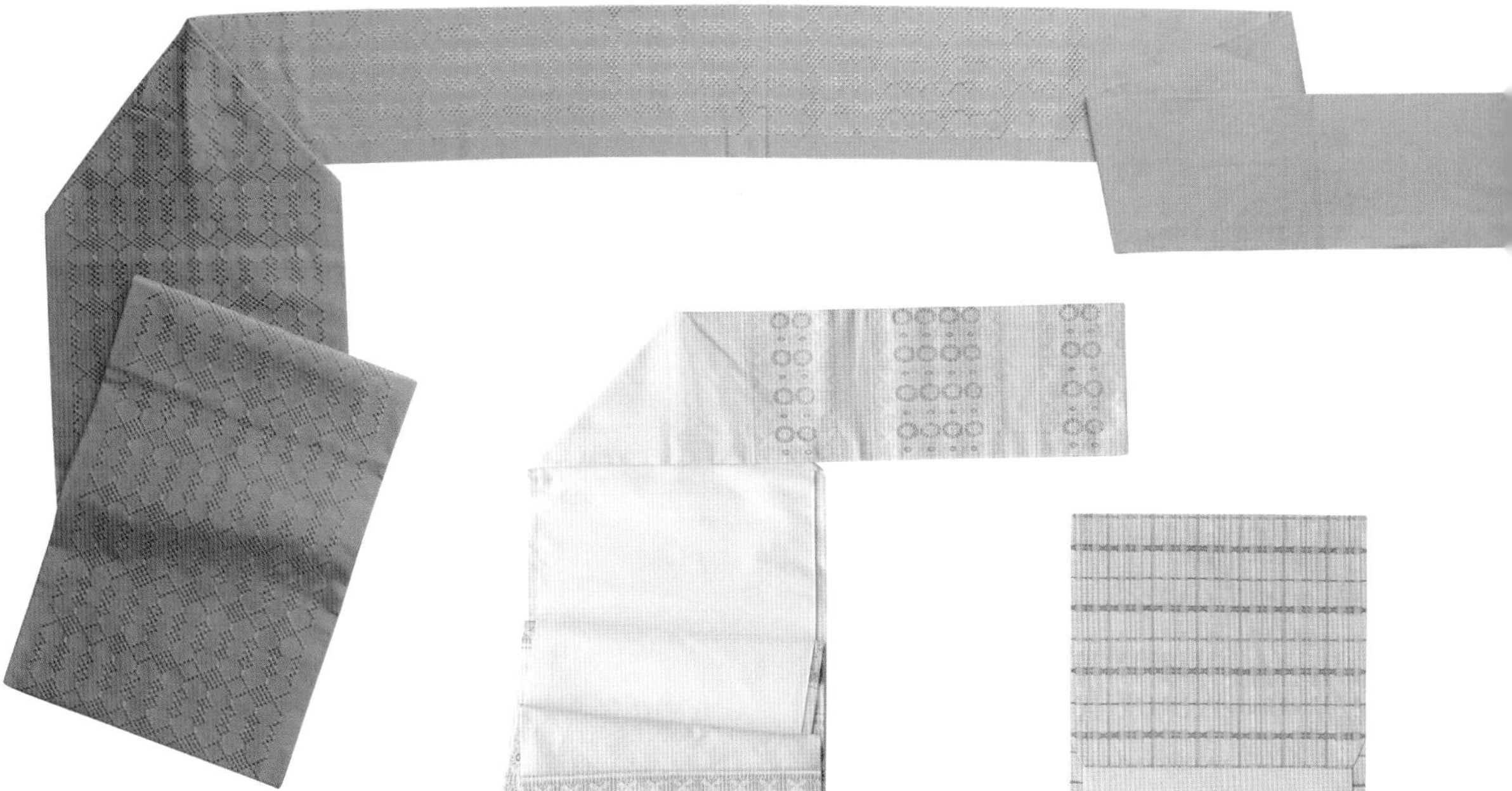

名古屋仕立て

もっとも一般的な仕立て方。帯地のたれにする部分を1メートルほど折り返してお太鼓の裏にし、て先から胴二巻分を半分の幅に折り、中に帯芯を入れて仕立てたもの。

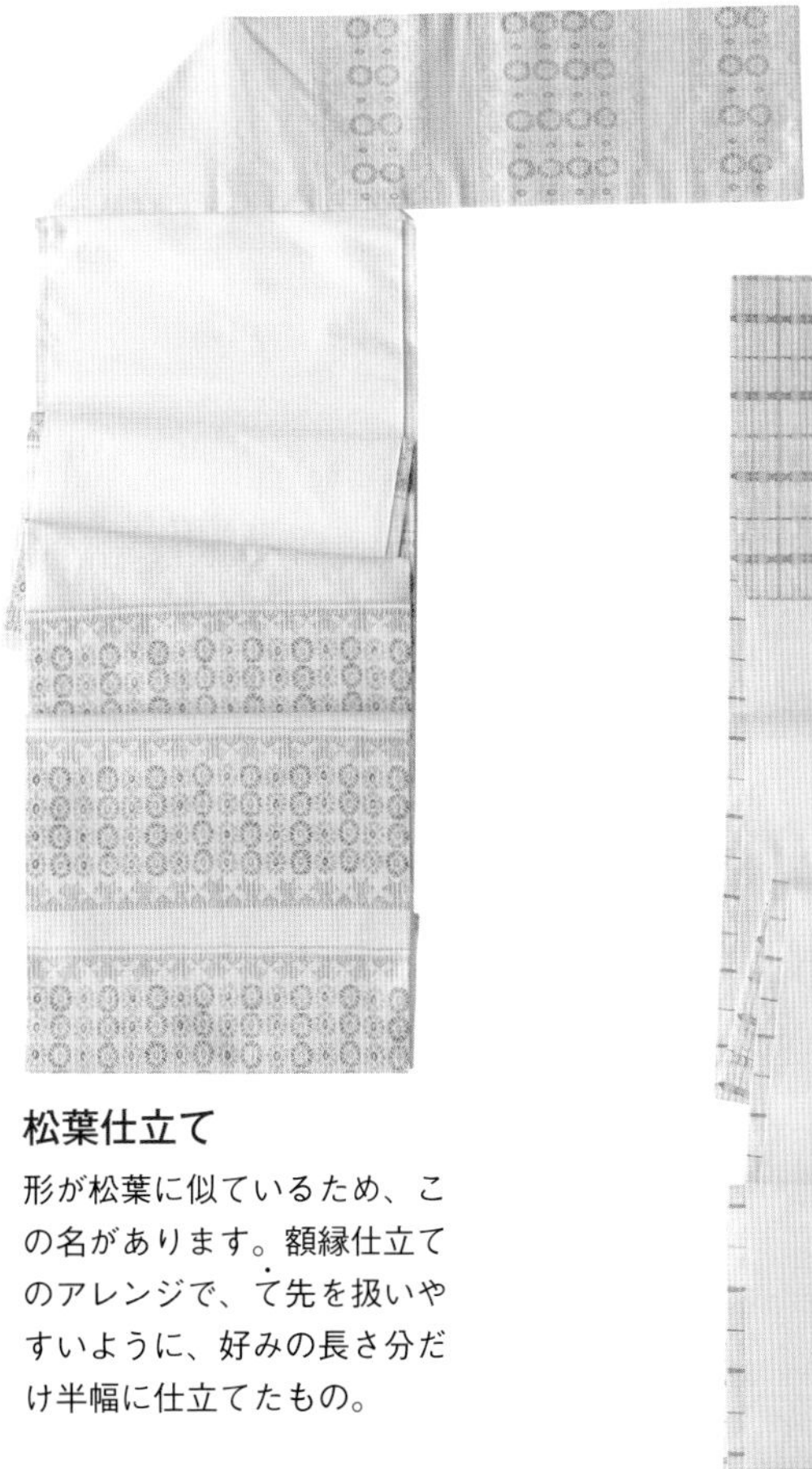

松葉仕立て

形が松葉に似ているため、この名があります。額縁仕立てのアレンジで、て先を扱いやすいように、好みの長さ分だけ半幅に仕立てたもの。

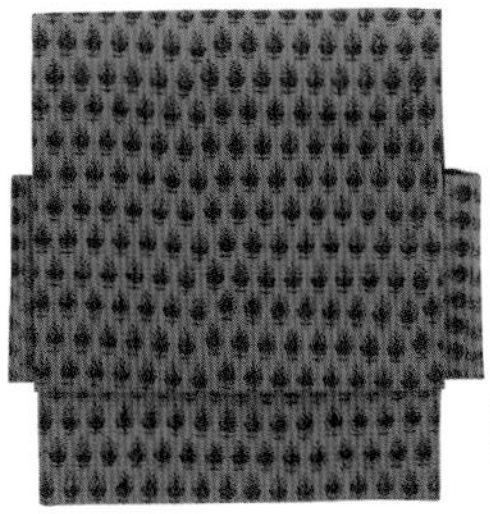

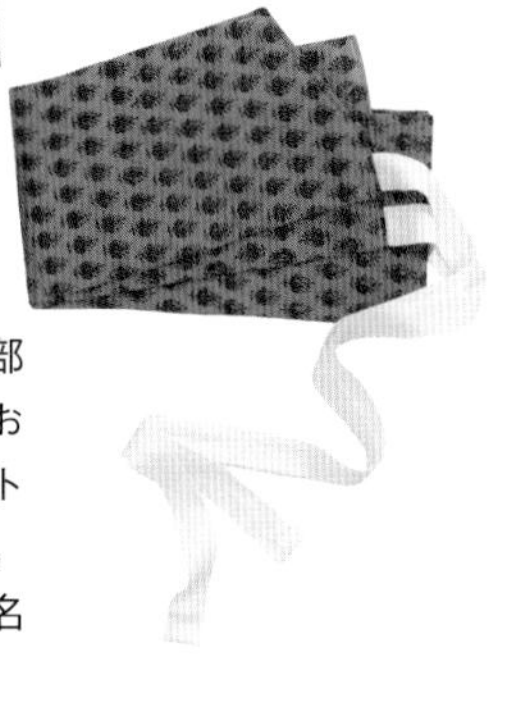

二部式帯

胴に巻く部分とお太鼓の部分を分けて仕立てた帯。お太鼓はて先とたれをセットにして縫い留めることも。結んでしまうと、通常の名古屋帯に見えます。

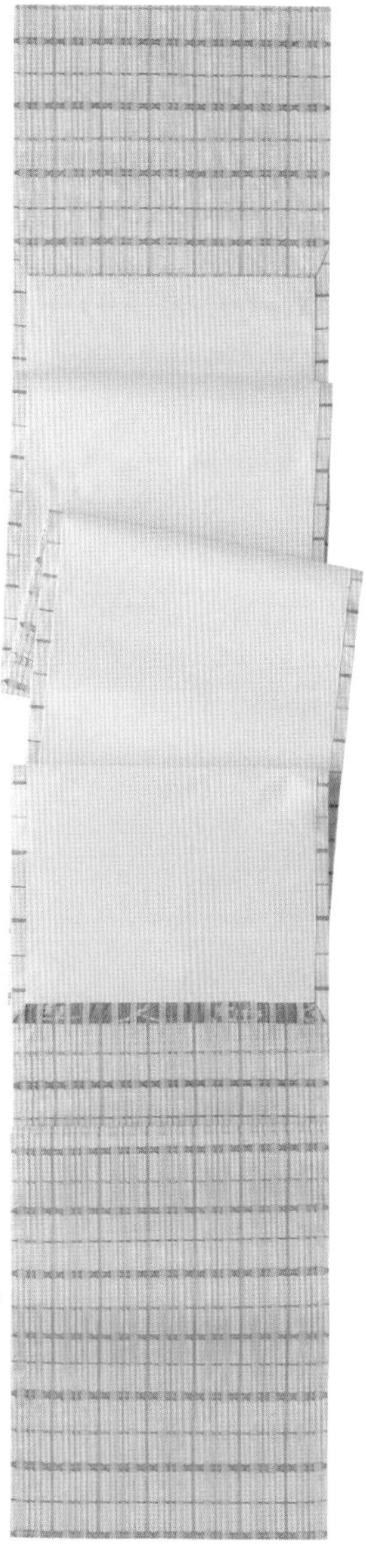

額縁仕立て

胴に巻く部分を半幅にしないで、開いて仕立てる方法。「鏡仕立て」「開き仕立て」ともいいます。帯幅を自由に変えられるので、背の高い方などにおすすめ。

帯の種類

3

袋《ふくろ》名《な》古《ご》屋《や》帯《おび》

地厚な生地の一枚仕立てで、通称「八寸」と呼ばれる

袋帯と名古屋帯両方の長所を取り入れて生まれたのが、袋名古屋帯です。昭和時代に考案された織り帯ですが、今でも広く作られ人気があります。地厚の帯地を八寸幅（約30センチ）に織ったものなので、「八寸」の愛称で親しまれています。

名古屋帯と同じように巻いた状態で販売されていますが、仕立てが異なります。地厚なので帯芯は入れず、たれの部分を1メートルほど引き返して（これは名古屋帯も同様）、お太鼓部分を厚くしっかりとさせます。お太鼓の部分が開いているものは、お太鼓結びをするとお太鼓が2枚なので、二重太鼓のように見えます。帯地の種類としては、綴織、博多織、紬織などがあり、格調高い綴織の袋名古屋帯は、訪問着や色無地、付け下げなど、博多織や紬織は小紋や紬に合わせて街着として楽しむのに適しています。

上・仕立て上がった袋名古屋帯。本来はお太鼓の部分を全部かがりますが、簡略化して、お太鼓の部分を開いたままの状態で仕立てる場合が多くなりました。これを通称「トンネルかがり」といいます。写真のような麻素材の帯は、たれが開いたままのほうが風が通るので、涼しく快適です。

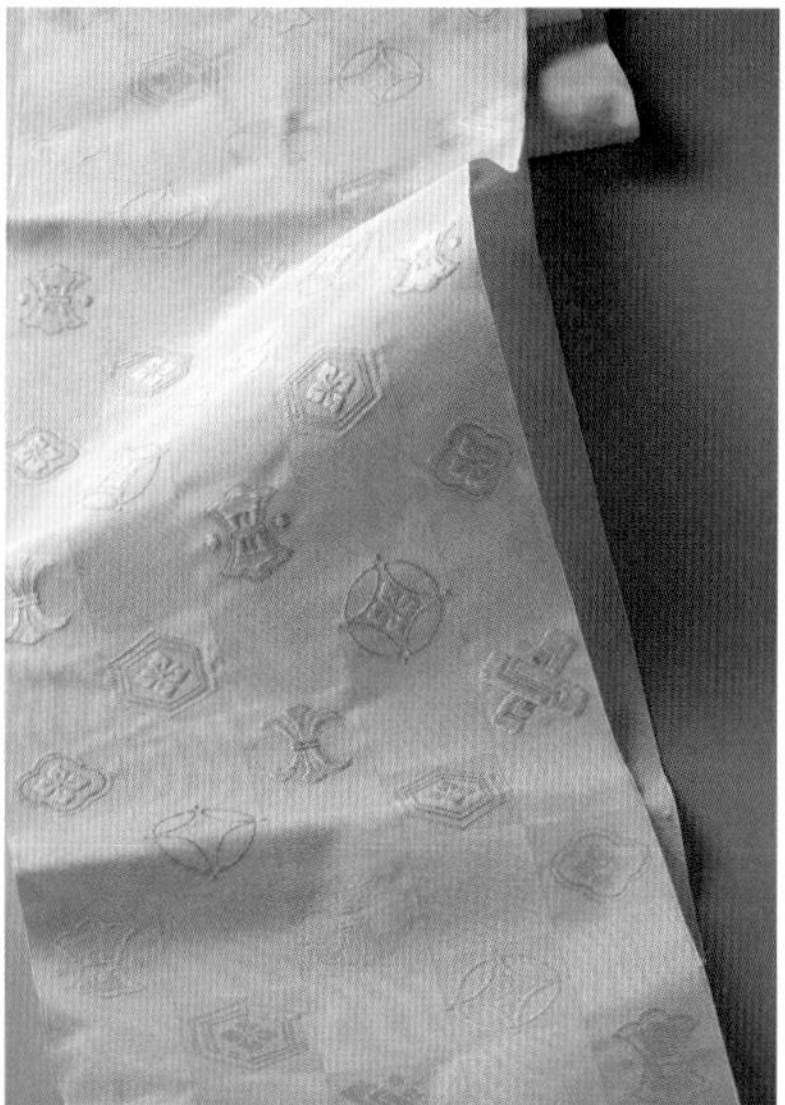

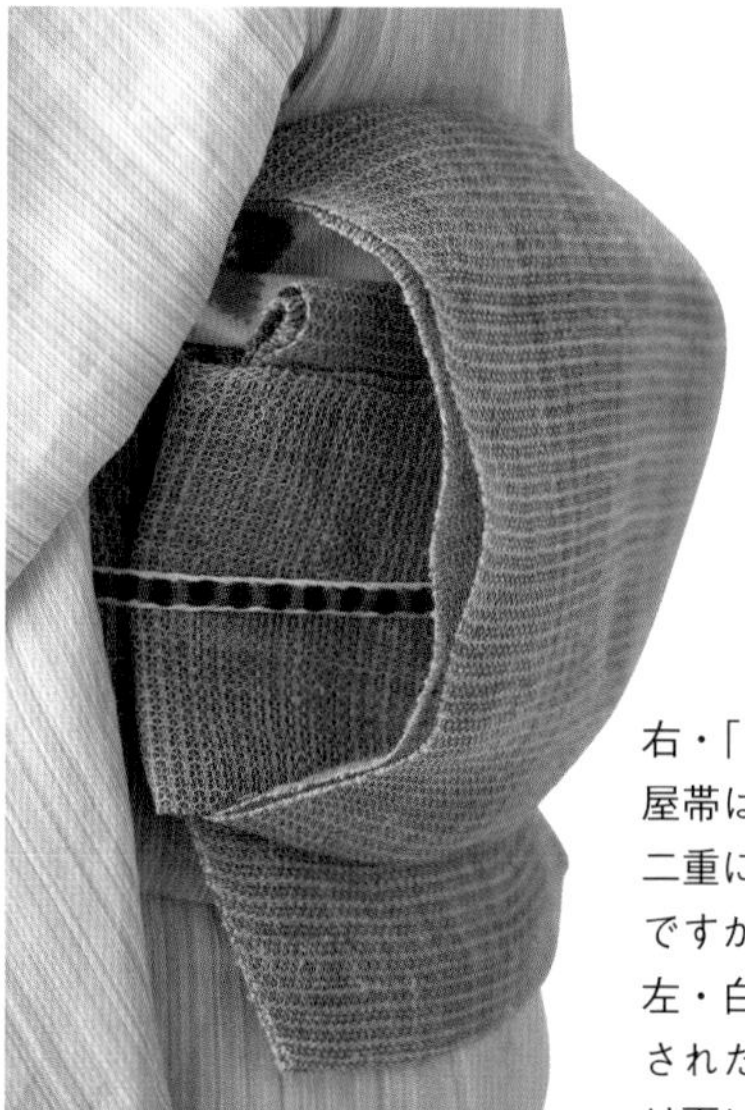

右・「トンネルかがり」の袋名古屋帯は、横から見ると、お太鼓が二重に。見た目は二重太鼓のようですが、一重太鼓に結んでいます。
左・白地に宝尽くし文様が織りだされた改まった袋名古屋帯は、付け下げや色無地にも使えます。

帯の種類
4

京《きょう》袋《ぶくろ》帯《おび》

京都生まれのお洒落帯。仕立ては袋帯、長さは名古屋帯と同じ

帯の表の色柄はさまざまなデザインがありますが、あまり金糸銀糸を使わない趣味性の強いものが主流です。長さは名古屋帯と同じなので、お太鼓の場合は一重太鼓になります。帯幅を半幅にしない分、体型に合わせて帯幅を変えられるのが魅力。

京袋帯の帯端の仕立ては、袋帯と同じように内側をかがります。色柄によって、色無地や付け下げにも。

京都で作られている独特の帯です。京袋帯は模様を織りだした表地と、無地または地紋入りの裏地を縫い合わせて作られます。袋帯と同じ作り方ですが、帯の長さは九尺五寸（約3メートル60センチ）ほどで、名古屋帯とほぼ同じです。袋帯と名古屋帯の特徴を組み合わせて生まれた帯なので、色柄にもよりますが、帯の格は両方の中間といえます。ただ、現状では金糸銀糸を使わずに色糸中心なので、洒落袋帯を簡略化したイメージが強く、小紋や紬に合わせたお洒落着用の帯として親しまれています。

京都・西陣ではだいぶ前から生産されていますが、地元以外であまりなじみがないのは、ほかの帯と区別しにくいからかもしれません。表と裏を縫い合わせてあるために、通常の名古屋帯に比べてボリュームがあり、結ぶと華やかさが出ます。金糸銀糸を用いたフォーマル度の高いものが作られるようになれば、訪問着などにも合わせられ、活用範囲が広がることでしょう。

帯の種類

5

半幅帯《はんはばおび》

帯結びが楽にできる幅の狭い細帯

エレガントな更紗模様を染めた京友禅の半幅帯は、色無地にも。

華やかな錦織の半幅帯は、訪問着、付け下げ、色無地、小紋、上等な紬などに。

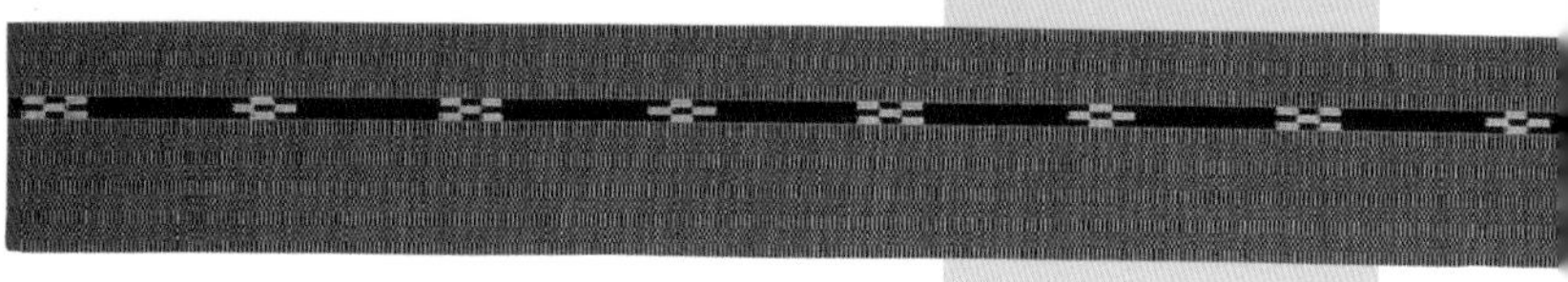

木綿のミンサー織の半幅帯は、浴衣や木綿の着物、紬などの普段着に。

墨流し染めの浴衣には、こだわりの手描きの半幅帯で個性的に。

帯の歴史をたどると、始まりは今のような幅広のものではなく、着物が広がらないように腰に巻いた紐でした。時代とともに着物の着方が変わり、帯の幅も少しずつ広く装飾的になり、現代に至っています。今は帯幅を八寸(約30センチ)に仕立てたものが主流ですが、ほかにもいろいろな幅の帯が作られています。その中でも、着物から浴衣まで幅広く活用されているのが、帯幅を半分の約15～17センチにした半幅帯と呼ばれるものです。長さは決まっていませんが、八尺八寸(約3メートル33センチ)以上あると、変わり結びが楽しめます。

半幅帯にもさまざまな種類があるので、着物に合わせて選びます。浴衣用には清涼感のある素材や色柄を合わせて、貝の口や文庫などに結びます。小紋や紬には絹製の半幅帯でお洒落に、さらに錦織や唐織《からおり》の半幅帯もあり、こうした豪華な帯は付け下げや訪問着にも向きます。

帯の種類 6

兵《へ》児《こ》帯《おび》

ロングスカーフのようなやわらかい帯でボリューム感を

一枚の布のような兵児帯は、半幅帯とはまた違った楽しみ方ができます。胴に布を数回巻いて、リボン結びにするだけなので、帯結び初心者には最適のアイテムです。

兵児帯はもともと、子どもや男性用の普段着の帯でした。やわらかい布の両端をかがっただけのシンプルな形状なので、ロングスカーフを数枚縫いつけたものでも代用できます。そんな手軽で自由な帯は、大人の女性の帯としても定着しつつあります。

帯幅は広いので、好みの幅に折りたたんでも、たたまずにそのまま胴に巻いてもかまいません。手軽に選べる化学繊維のものが主流ですが、木綿や麻、絹製などのお洒落な兵児帯も多く見られます。こうした上質な素材は、浴衣に限らず、小紋や紬にも結ぶことができます。

右・格子柄に日の出絞りを施した有松《ありまつ》・鳴海《なるみ》絞りの木綿の着物。縞柄の兵児帯は、強撚糸《きょうねんし》の伸縮性を生かした絹製で、浴衣から小紋、紬まで。
左・涼しげで可愛らしい雪花文様の白地の浴衣。シックな臙脂《えんじ》の濃淡のボーダー柄の兵児帯をリボン結びに。

Kimono column 3

着物の仕組み

袷仕立ての着物には、着物地のほかに胴裏《どううら》と八掛《はっかけ》が必要

布を巻いたものを反物といい、留袖や振袖、訪問着以外の着物の多くは、この状態で販売されています。留袖や振袖、訪問着は全体の絵柄がわかるように、着物の形に仮仕立てされていますが、これを仮絵羽《かりえば》といいます。いずれの着物も袷用に仕立てるためには、表地のほかに裏地が必要です。

胴裏は胴の部分につける補強用の布で、白い羽二重《はぶたえ》を用います。表からは見えないため、暑がりの人はこの胴裏を省略する場合も。八掛は裾まわしともいい、前と後ろの身頃に4枚、衽《おくみ》に2枚、衿先に2枚、袖口に2枚つけますが、こちらは動きに合わせて、袖口や裾からちらりと見えます。

どんな色の八掛をつけるかはとても大事なので、着る人が選ぶのが基本です。礼装用の着物は基本的に表地と同じ布（共布《ともぬの》）をつけます。または表地と同色の濃淡、またはあえて反対色を用いる場合も。色無地のほか、ぼかし染めや、刺繍入り、友禅染《ゆうぜんぞめ》の模様入りなど、さまざまな八掛があります。

袷の着物の仕立てに必要なもの

どの着物も、最初は1枚の布です

着物は基本的に並幅九寸八分（約37センチ）の1枚の布を裁ち、パーツを縫い合わせて作られます。パーツは衿、袖、衽、身頃などで構成され、ほどけばまた1枚の布に戻ります。ここで紹介するのは、袷の着物の裁断図です。

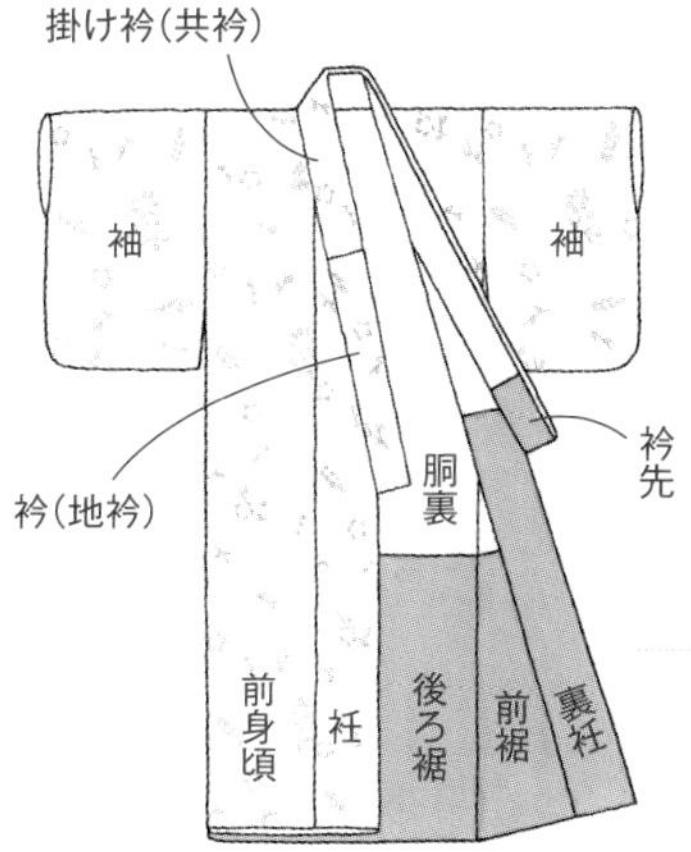

着物の裁断図

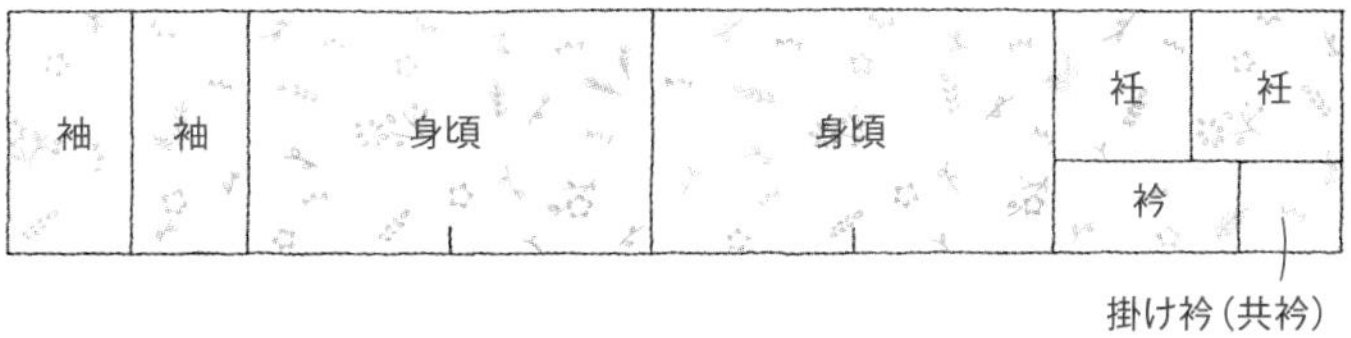

八掛（裾まわし）の裁断図

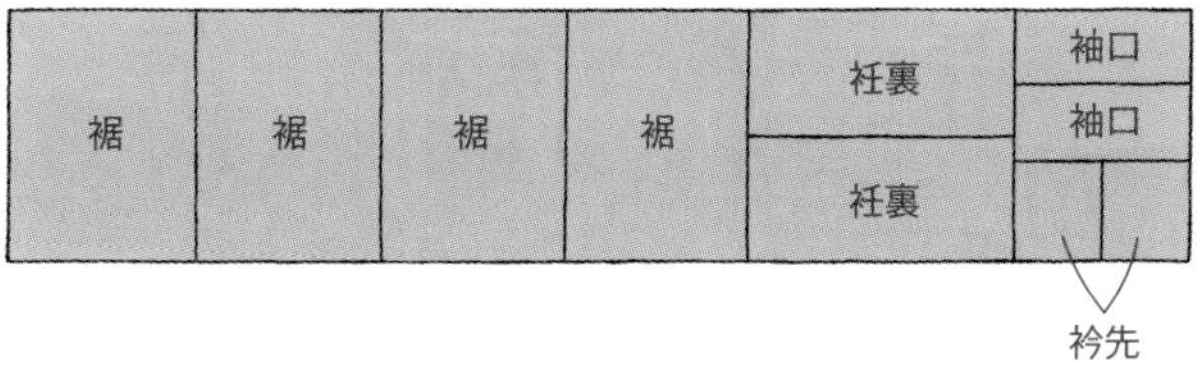

仕立て上がりました！

反物（表地）

衿裏

衿の裏につける布で、絹の着物には白の羽二重が用いられます。

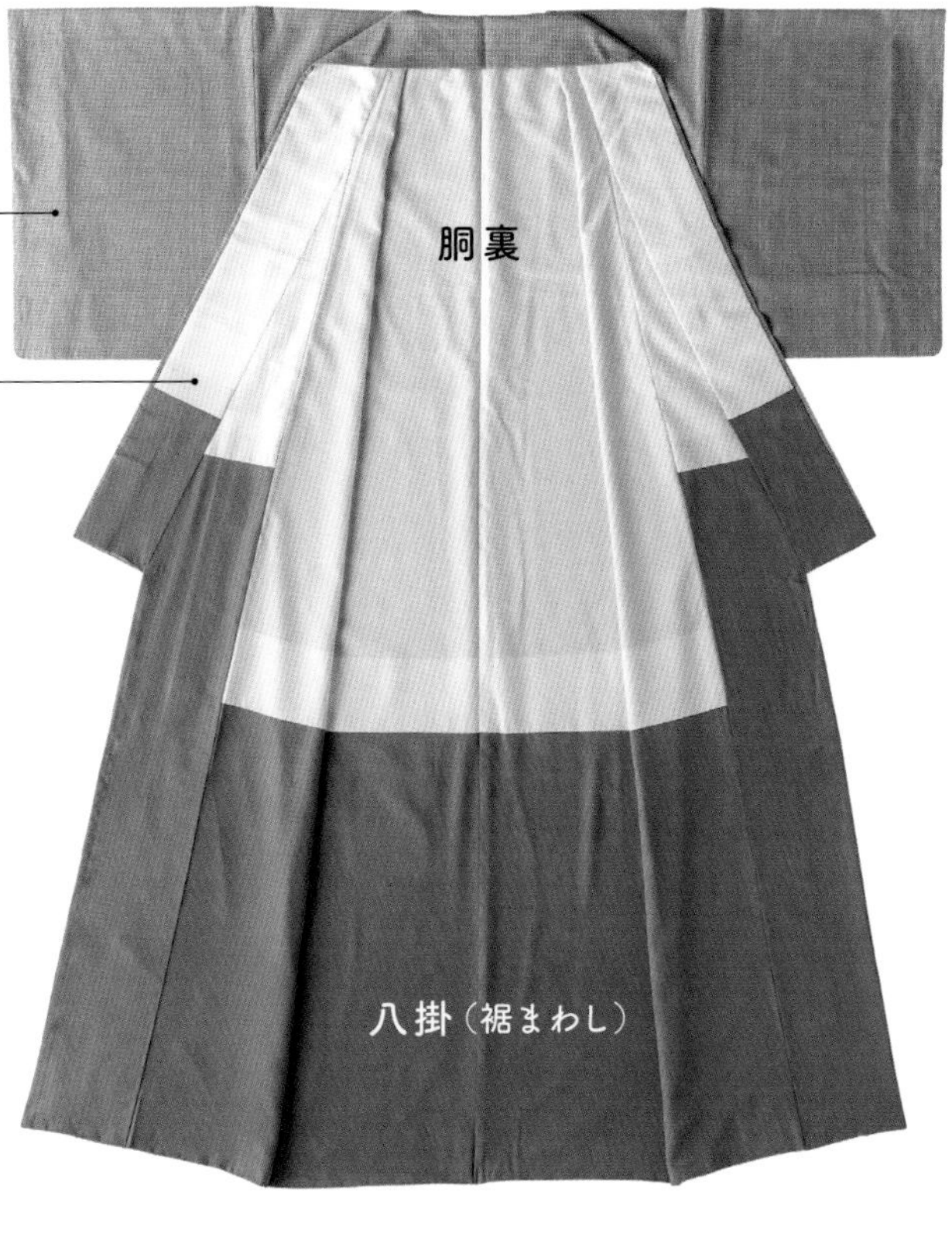

右ページの反物（表地）に裏地（胴裏と八掛）をつけて仕立てると、着物ができ上がる。

織りの基礎知識

織物は経糸《たていと》と緯糸《よこいと》を交差させることによって、平面状に仕上げたものです。
この経糸と緯糸の組み合わせ方を組織といいます。
ここで紹介する平織り、綾織り、繻子織り、綟織りは
「織りの四原組織《しげんそしき》」と呼ばれ、織物の基本。
すべての織物は、この4つの組み合わせから生まれます。

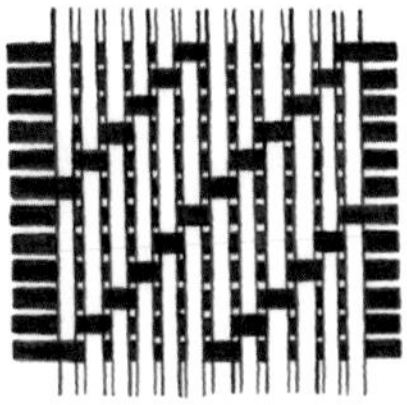

綾織《あやお》り

経糸、または緯糸がそれぞれ浮き、織り上がった面には斜め方向に稜線が入っています。このため、斜文《しゃもん》織《お》りとも称されます。平織りに比べるとふっくらとやわらかく光沢があり、能装束の唐織《からおり》などに。

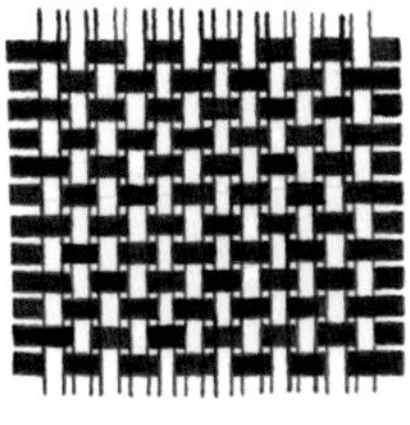

平織《ひらお》り

経糸と緯糸を1本ずつ上下、交互に組み合わせて織られるもので、表と裏が同じ組織になります。絹織物では、御召《おめし》、縮緬《ちりめん》、紬《つむぎ》、羽二重《はぶたえ》、浴衣《ゆかた》など、綿織物ではガーゼや晒《さらし》などがあります。

綟《もじ》り織《お》り（搦《から》み織《お》り）

経糸を交互に綟り合わせた組織の総称です。綟る経糸を綟られる経糸の左右に動かし、互いに搦めることで隙間が生じます。織り上がりは軽くて通気性がよく、絽《ろ》や紗《しゃ》、羅《ら》などの夏物に用いられます。

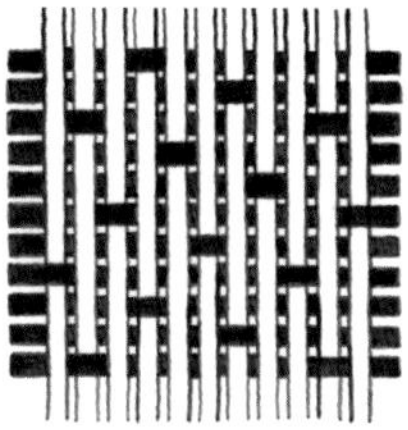

繻子《しゅす》織《お》り

綾織りのように交差が連続せず、まだらに配置された織物です。最小の繰り返し単位は、経緯の糸が5本以上から作られます。しなやかで光沢があり、綸子《りんず》や緞子《どんす》はこの織り方です。

PART 3

染めと織りの基本

着物と帯の技法には、大きく分けると染めと織りがあります。
染めとは白い糸で白生地を織ってから、染め加工を施したもの、
織りとは白い糸を各色に染めてから織り上げたものです。
こうした手法で作られる染織品にはさまざまなものがあり、
今も全国の各産地や専門の職人、個性的な作品を生み出す
染織作家の手によって、現代に合う魅力的な布が作られています。

着物と帯には 染めと織りがあります

着物と帯には、それぞれ染めと織りがあります。
白生地を染めて仕立てたものを「染めの着物」といい、
糸を染めてから織ったものを「織りの着物」といいます。
洋服でいえば、染めはプリント、織りはツイードにあたります。
同じように帯にも、「染めの帯」と「織りの帯」があります。
一般的に着物は織りより染めのほうが格がありますが、
帯の場合は逆で、染めより織りのほうが礼装用になります。
また、かつては「染めの着物に織りの帯」「織りの着物に染めの帯」が
コーディネートの基本でしたが、現代はどちらも合わせます。

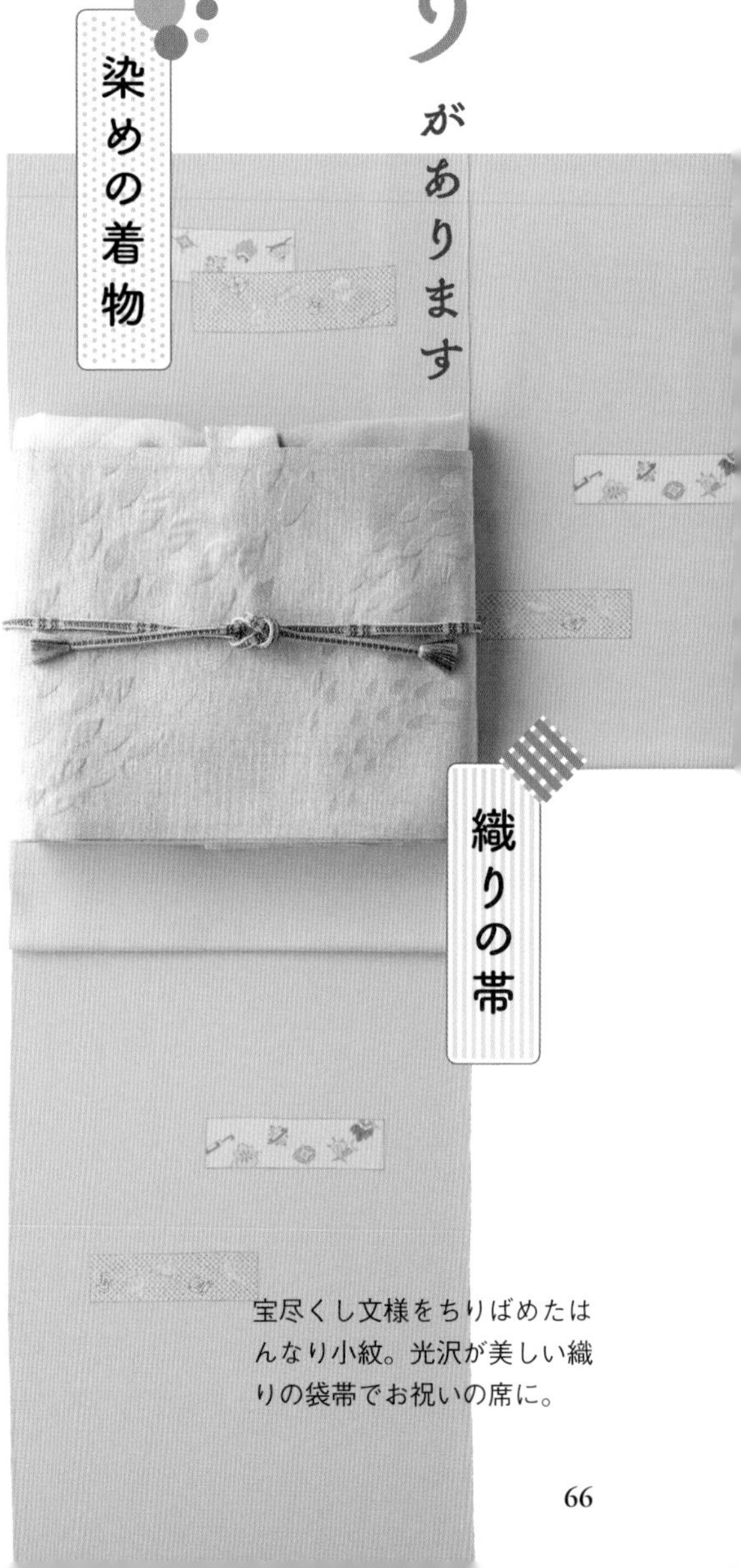

宝尽くし文様をちりばめたはんなり小紋。光沢が美しい織りの袋帯でお祝いの席に。

藍《あい》染めのモダンな琉球《りゅうきゅう》絣《かすり》。薄紅色の地に横縞を織りだした紬《つむぎ》帯を合わせて、優しい雰囲気に。

斜め縞文様のシャープな小紋。紅白の椿を染めた同系色の帯で統一感を。

草木染めの糸を手織りした格子《こうし》柄の紬は、かちっとした印象。大小の花を染めた愛らしい帯を合わせることで、全体を和らげています。

染め 1

手描《てが》き友禅《ゆうぜん》

糸目糊《いとめのり》を使って、生地に直接模様を描く

友禅染は染めの着物や帯に模様をあしらうための代表的な技法の一つです。京都で作られる京友禅、金沢で作られる加賀友禅、東京で作られる東京友禅がよく知られています。同じ友禅染でも、それぞれの地域や作り手によって特徴がありますが、基本的な技法は共通です。その大まかな流れを見てみましょう。

最初に京都で友禅染が登場したのは、江戸時代の元禄年間（１６８８〜１７０４）といわれています。その技法は、糸目糊と呼ばれる糊で白生地の上に絵画のような模様を描き、それを染めだすというもの。糸目糊が防波堤の役目を果たして、隣り合う色が混ざらないため、さまざまな色で模様を表現することができます。この技法は、徳川家の女性だけに染められてい

京友禅《きょうゆうぜん》

京都で染められる友禅染の総称。華麗な加飾を施し、絞りなどを併用するのが、伝統的な京友禅の特徴。

華やかな黄色地に、水辺の風景模様を描いた格調の高い訪問着《ほうもんぎ》。絞りの辻が花技法も用いられている。

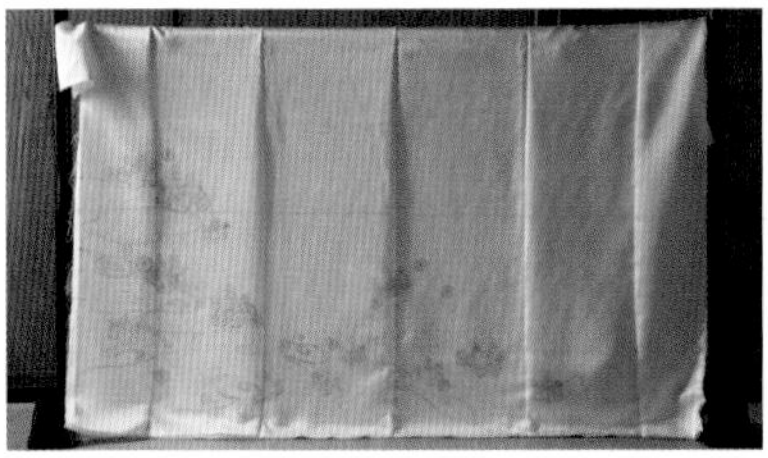

下絵《したえ》

白生地の反物を着物の形に仮仕立てしてから、下絵の模様を描きます。この後、反物をほどき、それぞれの模様を仕上げます。

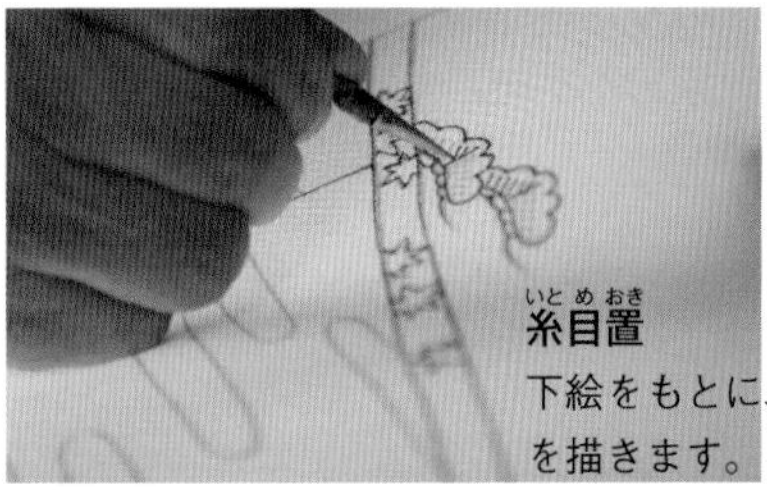

糸目置《いとめおき》

下絵をもとに、模様の輪郭を描きます。その線は、細い筒の中に糊を入れて指先で絞り出しながら描くため、糸のように細い線に。

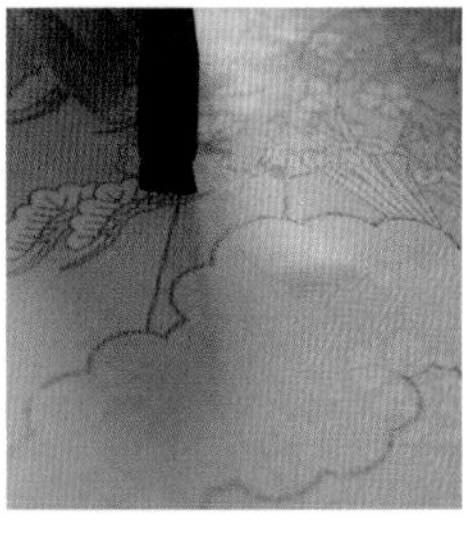

色挿《いろざ》し

模様の一つ一つに刷毛《はけ》や筆で色をつけますが、華やかなものは30色以上使うことも。

糊伏《のりぶ》せ

伏せ糊ともいい、地染めの準備工程。もち米、ぬか、塩などを混ぜた糊で、模様の部分を伏せます。

た茶屋《ちゃや》辻（水辺の風景を細かい模様で表したもの）という柄からヒントを得たともいわれています。

　手描き友禅の制作工程の多くは、今も分業制です。模様のデザイン、下絵、糸目置き、色挿し、糊伏せ、地染め、蒸し、水元《みずもと》（水洗い）などの基本的な工程のほか、金彩、刺繍などの装飾的なもの、さらに補正、地直しなどの仕上げ工程までを含めると、20種類もの専門職があります。

　この手描き友禅とは別に、明治に入ってヨーロッパから化学染料がもたらされると、型紙を使って模様を染める型友禅が開発されました。何十枚もの型紙を重ねることで多彩な模様を表現する技法も、今に受け継がれる友禅染の仲間です。

加《か》賀《が》友禅《ゆうぜん》

上・染め分けた部分に、鮮やかな花々を散らした加賀友禅の訪問着。金彩や箔《はく》、刺繍を使わなくてもここまで華やかな仕上がりに。
下・葉の部分に施された黒い点々は、虫が喰った跡を表現したもの。「虫喰い」技法も加賀友禅の特徴の一つ。

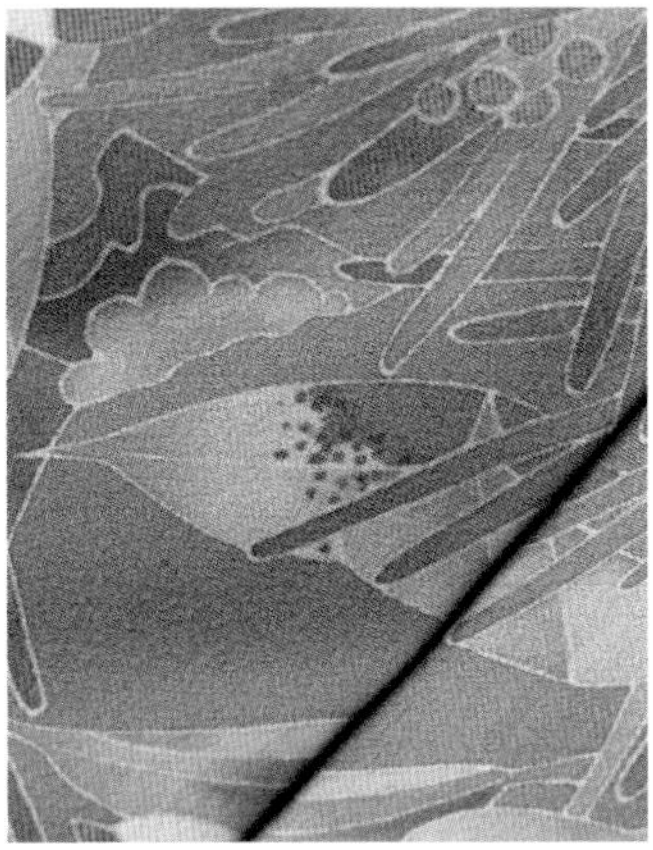

金沢を中心に染められている友禅染。古くから「加賀染」や「加賀紋」の伝統技法があり、そこに友禅染が加わって独自に花開きました。花鳥風月のモチーフや加賀五彩と呼ばれる落ち着いた色で上品な仕上がり。

東京《とうきょう》友禅《ゆうぜん》

東京地方で染められる手描き友禅で、江戸友禅とも呼ばれます。昭和55（1970）年に「東京手描き友禅」の名称で、伝統的工芸品に指定されました。藍や白を基調としたすっきりとした色柄が印象的。

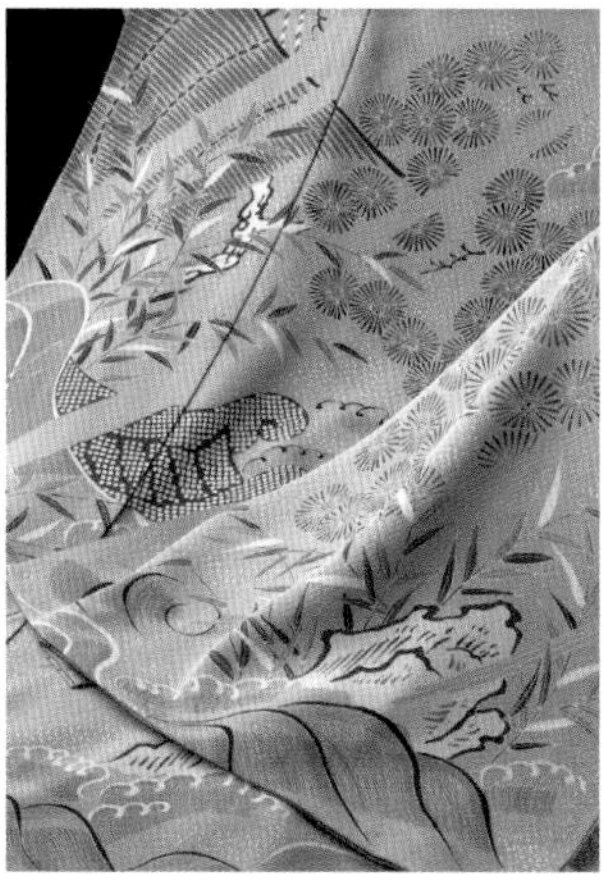

模様の白い部分は、糊伏せした白《しろ》場《ば》をそのまま模様の一部としています。この技法を「糊の白上がり（糊の白上げ）」といいます。

型染《かたぞ》め

型紙を生地に置いて、模様を染める

手描き染めに対して、型紙やそのほかの染め型を用いて行う染色技法を、型染めといいます。型染めの歴史は古く、中世から行われていたようです。安土桃山時代から江戸時代に「職人尽《づくし》絵《え》」が多く描かれました。有名な喜《き》多《た》院《いん》（埼玉県川越市）所蔵の『職人尽絵屏風』は、絵師の狩野吉信の筆によるものですが、「型置き師」の場面に、型染めの制作工程が楽しげに描かれています。柿渋《かきしぶ》を塗った紙の型が用いられるようになり、彫り師も模様に工夫を凝らし、糊防染によって、多彩な模様が染められていたことがうかがえます。この伝統的な技法は、江戸時代の小紋型（江戸小紋など）に受け継がれました。

江戸小紋の型染めは、武士の裃《かみしも》に用いられたもので、細かい柄を一色で染

型絵染め

昭和時代になって、染色家・芹沢銈介《せりざわけいすけ》によって新たな型染めの世界が確立されました。作り手が自ら模様をデザインして型を彫り、染めるという作家性のある作品を型絵染めと称しています。現在も多くの型絵染め作家が活躍し、独自の世界観を表現しています。

紅型《びんがた》

沖縄の華やかな型染め。もとは王侯貴族の染めとして発展し、沖縄特有の鮮やかな色彩と、ダイナミックな構図が特徴。長板に生地を張り、型紙で糊を置き、摺り込みで色挿しをします。

上・基本的に工程のすべてを1人の作家が手がけ、作り手それぞれの個性が表現できます。
左・2本の筆を持って行う色挿し。1本の筆で色をつけ、もう1本の筆で色を摺り込みますが、こうすることで顔料が生地に浸透します。

かたばみ、バーベナ、ミントの葉をモチーフにした紬地の染め帯。たれ先は無地ですっきりと。

めたものです。他家の使用が禁じられた留柄《とめがら》もありましたが、やがて柄が工夫されて庶民にも愛用されるようになります。江戸小紋の場合、型紙は一枚ですが、型染めの種類によっては色の数だけ型紙の枚数が必要なものもあります。

型染めの技法はさまざまです。江戸小紋の場合は、模様の部分に型紙を置いて糊づけし、地染めをしてから模様を白く抜きます。ほかに、生地に型紙を置いて刷毛で染料を摺《す》り込む型更紗《かたさらさ》、型置きをしてから藍甕《あいがめ》に浸して染める中形《ちゅうがた》、色糊で模様を型付けし、地染めをする型友禅など多種多様です。

江戸小紋

遠目に見ると無地のように見える小さな柄を染めた繊細な小紋。伊勢型紙を用いた江戸時代から続く伝統技法で、今も染められています。伝統的工芸品に指定されている「東京染小紋」の一種。

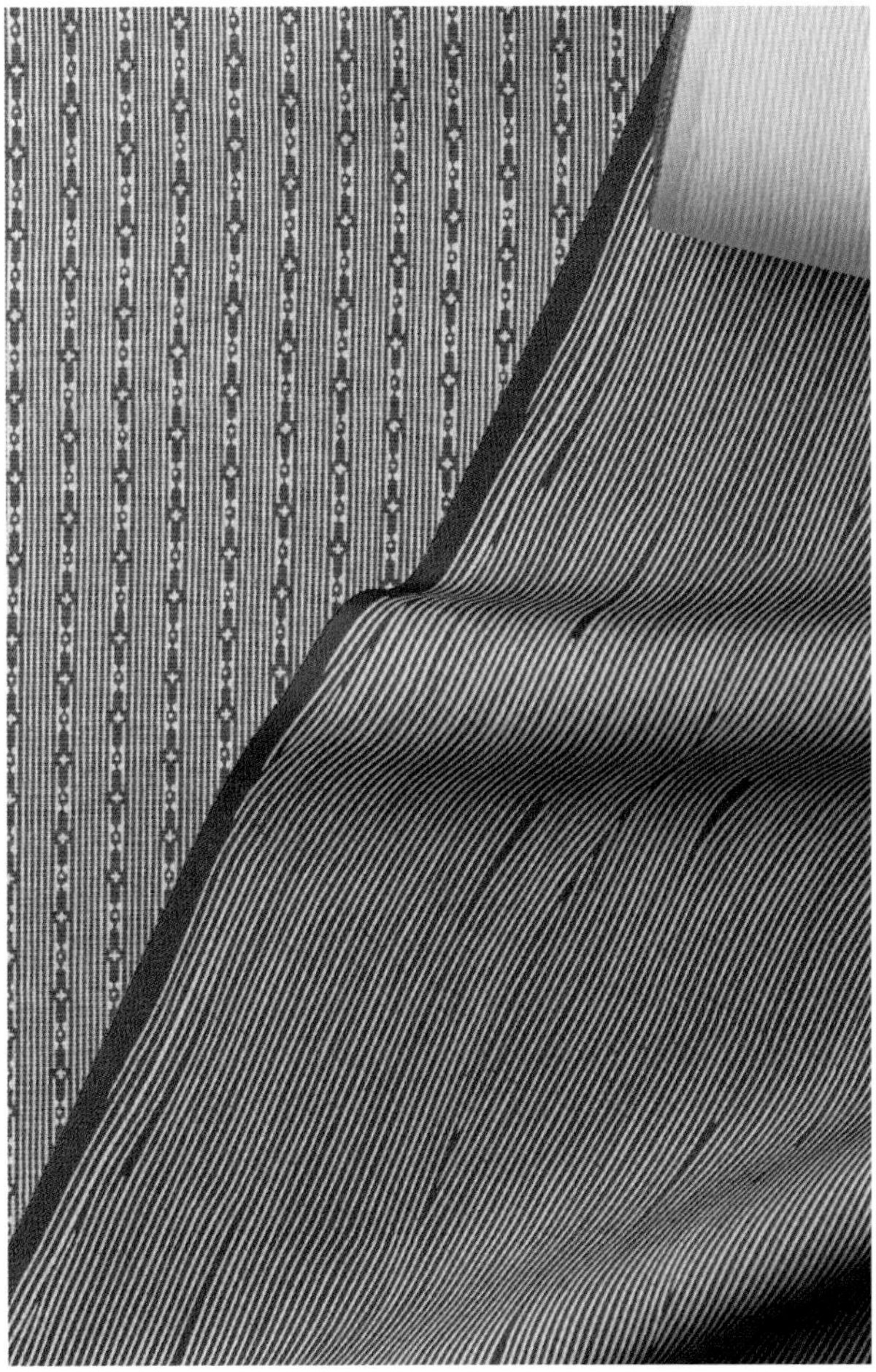

江戸小紋の個性的な縞柄。右は縞に雨模様を散らした「雨入り万筋《まんすじ》」、左は型彫りに使う道具、錐《きり》をモチーフにした「輪繋ぎ縞」。

江戸小紋の型紙には、三重県白子《しろこ》で作られる伊勢型紙が用いられています。楮《こうぞ》から作った和紙を数枚張り合わせ、表面に柿渋を塗って乾燥させたものです。

江戸小紋の定番柄

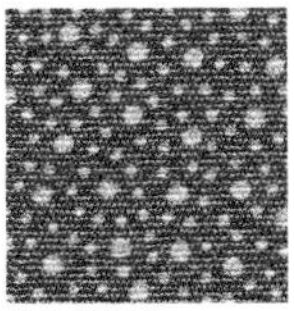

大小霰《だいしょうあられ》

鮫《さめ》

青海波《せいがいは》

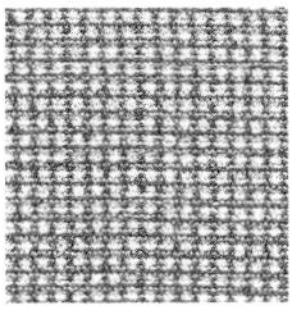

角通《かくどおし》

剣菱《けんびし》

行儀《ぎょうぎ》

染め 3

絞《しぼ》り

白く残す部分を防染し、染料に浸す

古代から現代まで、絶えることなく続いてきたのが絞りです。布の一部を糸で括《くく》ったり、縫い絞ったり、板で挟んだりして、染料が布に染み込まないようにしてから、染料に浸します。糸や板を外すと、防染したところが白く残り、模様となって現れます。この原子的な模様染めの技法は、世界各地で発展しました。機械の力を借りることができない絞り染めは、だからこそ独持の美しさが生まれるのでしょう。絞ることで布の表面に凹凸感ができるために立体感のある仕上がりになります。また、糸や板のまわりには多少のにじみが残され、それがやわらかな味わいをもたらし、人の指先の温もりや心遣いが伝わってくるようです。

日本の絞り染めは奈良時代から始まり、正倉院《しょうそういん》宝物《ほうもつ》にも高度な技術を駆使

有松《ありまつ》・鳴海《なるみ》絞り

愛知県名古屋市の有松地区一帯で生産されている絞り染め。江戸時代当初は有松内での販売でしたが、鳴海の宿にも出張販売したことから「鳴海絞り」とも呼ばれ大流行。木綿絞りの藍染めから始まり、今では絹や麻にも染められます。素朴ながら、世界にまれに見る多様な絞りの技が特徴。

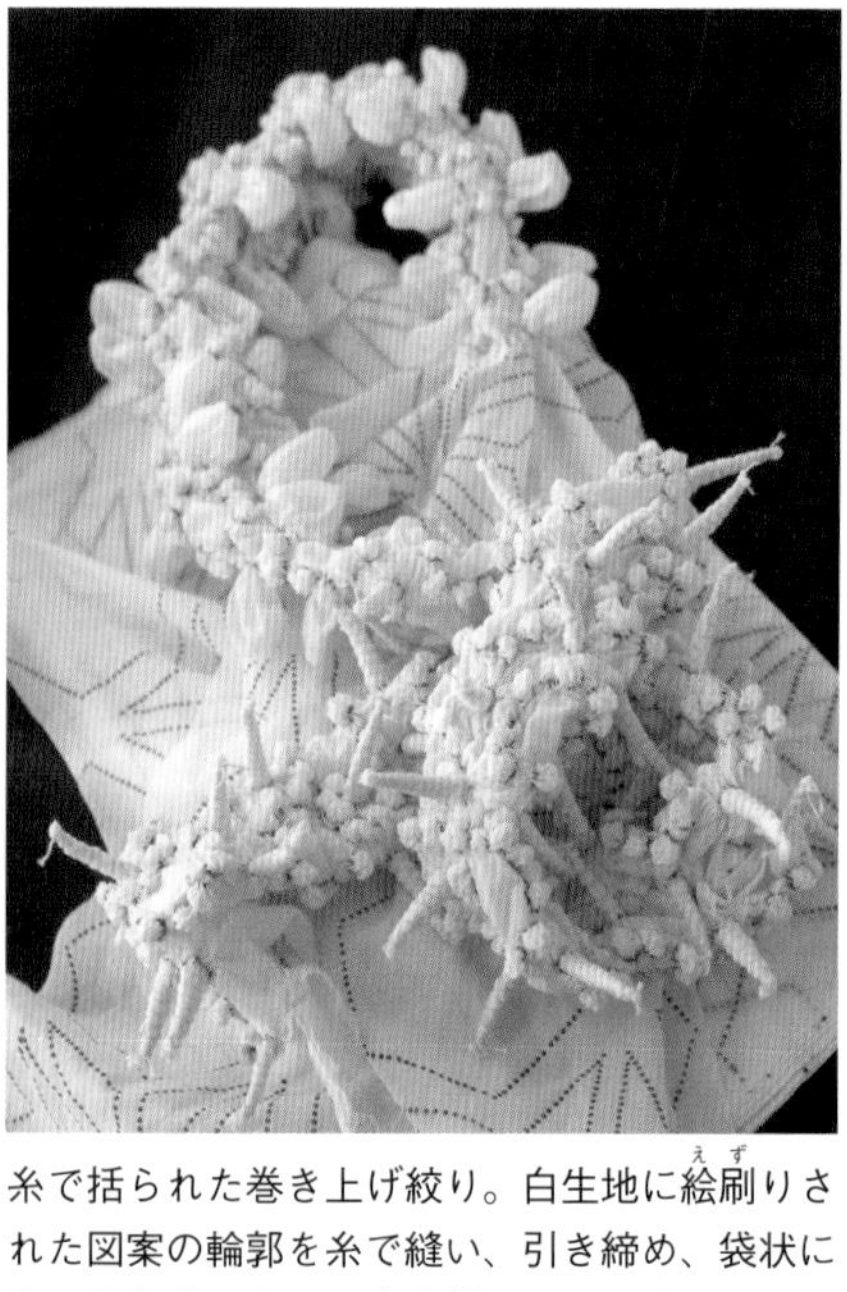

糸で括られた巻き上げ絞り。白生地に絵《え》刷《ず》りされた図案の輪郭を糸で縫い、引き締め、袋状になった部分にさらに糸を巻きつけます。

絞りの技法

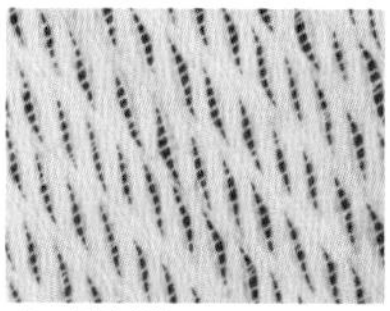

散《ち》り嵐絞《あらししぼ》り

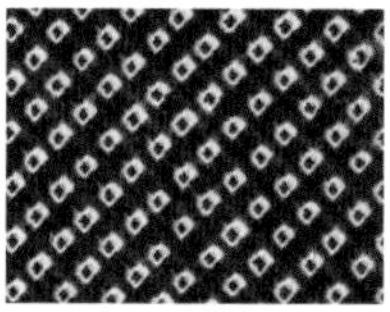

ばら鹿《か》の子絞《こしぼ》り

石垣《いしがき》三浦絞《みうらしぼ》り

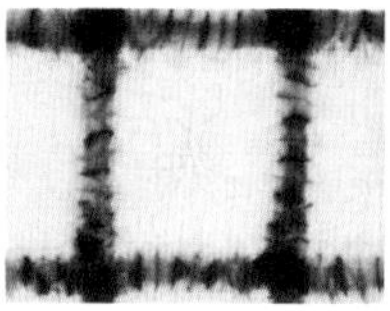

帽子絞《ぼうししぼ》り

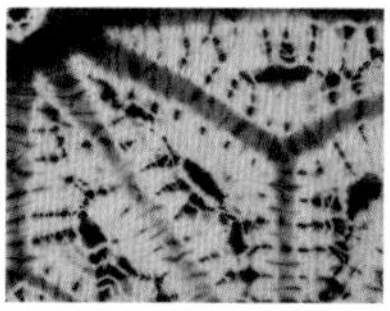

巻《ま》き上《あ》げ絞《しぼ》り

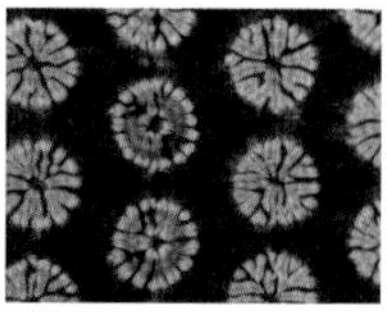

唐松絞《からまつしぼ》り

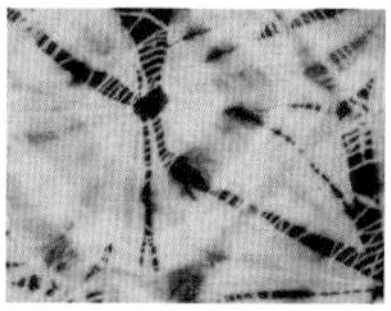

蛇《じゃ》の目絞《めしぼ》り

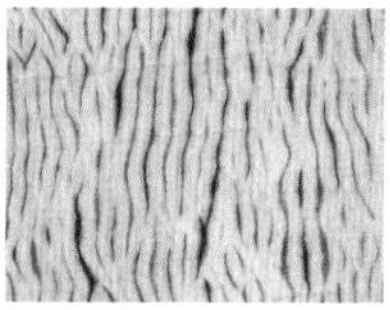

木目絞《もくめしぼ》り

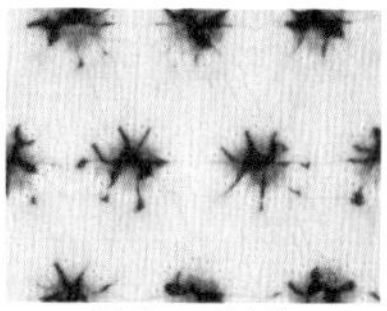

ゴム段《だん》日《ひ》の出絞《でしぼ》り

巻《ま》き縫《ぬ》い絞《しぼ》り

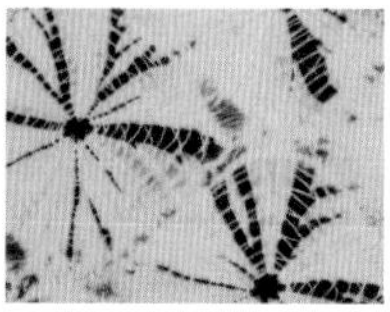

手蜘蛛絞《てぐもしぼ》り

嵐 絞《あらししぼ》り

した、絞り染めの纐纈《こうけち》、板締《いたじ》め絞りの夾纈《きょうけち》が残っています。室町時代から桃山時代には絞り染めが大ブームとなり、幻の染めともいわれる辻が花染めも登場。江戸時代になると、京都の鹿の子絞りが全盛となります。あまりにも豪華すぎることから、度々奢侈《しゃし》禁止令が出されたほどです。そのため、型染めで鹿の子を表現する摺り疋田《ひった》の技法も生まれました。同時代に愛知県の有松地方では木綿《もめん》絞りが盛んになり、藍染めによるさまざまな絞り技法が考案されました。こうした伝統の絞り染めは、今もなお、着物や帯、長襦袢《ながじゅばん》、帯揚げなどに生かされています。

疋田鹿の子絞りと帽子絞りで表現した、辻が花模様の総絞りの訪問着。帽子絞りの中に墨で花びらの輪郭を描いています。繊細な色は、山桜のチップを煮出した染液によるもの。

京鹿の子絞り

京都周辺で作られる絞り染めの総称。代表的な技法に、鹿の子絞り、傘巻き絞り、帽子絞り、桶《おけ》絞りなどがあります。もっとも繊細な鹿の子絞りは、括り方によって本疋田《ほんぴった》、中疋田《ちゅうびった》、ばら疋田、人目《ひとめ》（一目）などに区別されています。鹿の子絞りの名は、模様が子鹿の背の斑点に似ていることからの呼称です。

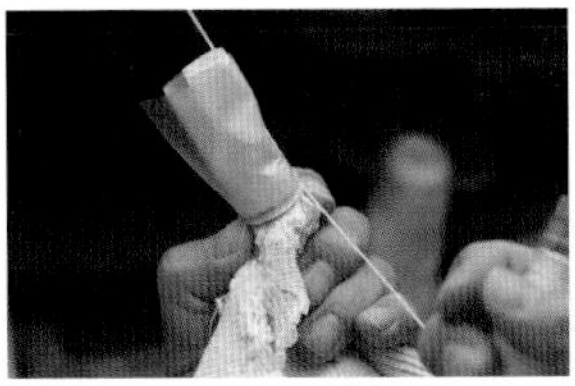

帽子絞り。縫った布の内側に芯を入れ、表に返して糸を寄せて括り、紙にビニールを巻いて麻糸で留めます。

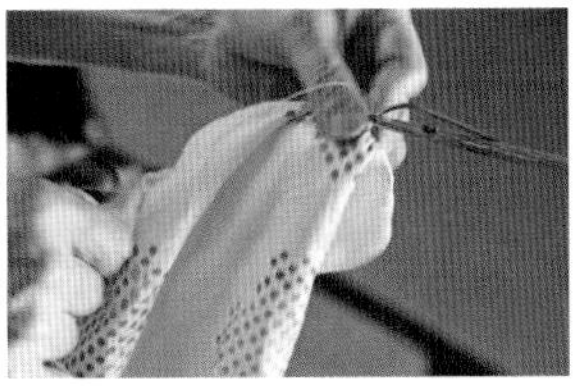

鹿の子絞り。絞り台に点々の部分を引っ掛け、綿の糸で4回巻きます。これを繰り返します。

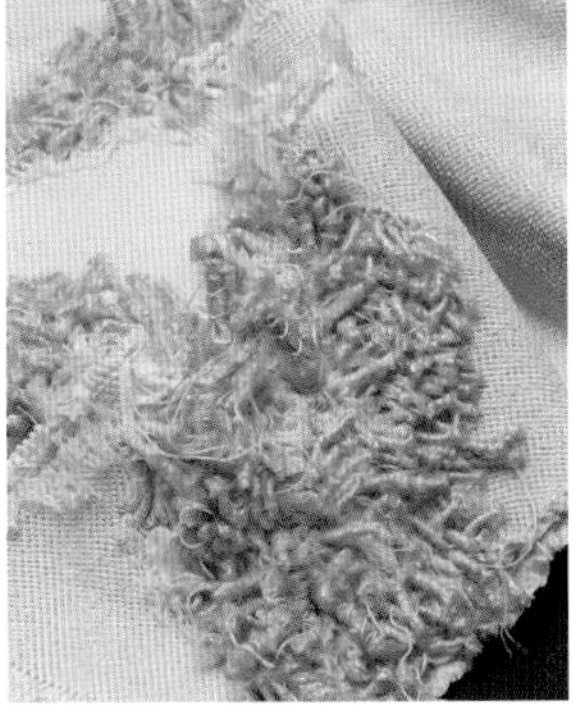

数種の絞り加工が施された白生地（訪問着）。このあと、浸し染めをします。

刺《し》繍《しゅう》

美しい絹糸に金糸、銀糸を加えて優雅な模様に

一針一針縫い取って、模様を完成させる日本刺繍。その歴史は中国からの仏教伝来とともに始まります。聖徳太子の死後、夫人が夫の冥福を祈って作らせた「天寿国繍帳《てんじゅこくしゅうちょう》」などの繍仏《しゅうぶつ》（釈迦涅槃図《しゃかねはんず》を刺繍で表現したもの）があります。当時の繍仏には、駒繍《こまぬ》いや平《ひら》繍い、返し繍い、繻子《しゅす》繍い、繧繝《うんげん》繍い、鎖《くさり》繍い、相良《さがら》繍いなど、今とほとんど変わらない技法が用いられています。

華やかな文化が生まれた桃山時代には、刺繍の技法も頂点に達します。この頃の小袖（着物の元になったもの）は、繍箔《ぬいはく》が特徴でした。繍箔とは、金銀の箔と刺繍を併用したもので、重厚で立体感があります。時代が下がるにつれて、小袖には繍いと絞りを多用した大体な意匠が見られ、江戸の慶長《けいちょう》の

手織りの変わり綴《つづれ》地に、細やかな手刺繍で宝尽くし文様をちりばめた名古屋帯。

京友禅の御所解《ごしょどき》文様訪問着。手挿し友禅に、刺繡や箔加工が施されています。

頃には、一面にびっしりと刺繡を施した、無地場《むじば》のない小袖も現れました。

こうした刺繡が主役だった絢爛《けんらん》豪華な小袖も、友禅染が登場した元禄以降は、友禅染の補助的な役割にまわるようになります。大正時代になると、刺繡衿や刺繡帯が流行しました。現代の着物の世界では、友禅染のアクセントとして加飾などに用いることが主流ですが、一方では日本刺繡作家による、刺繡だけで模様を表現した着物や帯も見られます。

上右・松の枝は金糸でまつり繡い。先端はグリーンで表情をつけます。
上左・梅の花もさまざまな色糸で表現。色にも作家や職人の感性が出ます。
下左・日本刺繡専用の針。糸によって針を使い分けます。

刺繡作家による桜をテーマにした作品。右から、地引きと相良繡い、刺し繡いと大きな花弁は菅《すが》繡《ぬ》いで、桜の表は刺し繡い、裏は経《たて》地引き。

織り 1

御召《おめし》

強い撚《よ》りをかけた糸から生まれるしぼのある風合い

御召は御召縮緬《ちりめん》を略したもので、織りの着物の中でも、上位にランクづけされます。もとは柳条《りゅうじょう》縮緬と呼ばれていましたが、11代将軍の徳川家斉《とくがわいえなり》が好んでお召しになったことから、御召の名前がついたと伝えられています。

紬や木綿と同じ織りの着物ですが、緯《よこ》糸《いと》に強い撚りをかけたものを用いるため、仕上がった生地には独特のしぼが生まれます。このしぼができることから、縮緬という名前がついたようです。しゃり感に特徴があり、昔は武家や貴族が積極的に愛用しました。今も、無地《むじ》や縞の御召は男性の着物の素材の代表でもあり、紋を入れれば準礼装になるので、着物や羽織、袴《はかま》などに幅広く活用されています。

糸と糸を撚り合わせて作った糸を撚糸と呼びますが、御召独特のしゃり感

西陣御召

京都の西陣で織られている御召で、紋《もん》御召、風通《ふうつう》御召、縫《ぬ》い取《と》り御召など、さまざまな種類があります。いずれも緯糸に強撚糸を用いるのが特徴です。緯糸は絹糸を5、6本引き合わせて、右撚りと左撚りに分けて、1メートルにつき300回ほど撚りをかけます。絣や縞を織りだす経糸《たていと》は絹糸を2本撚り合わせたものを使用し、こちらはあまり撚りをかけません。

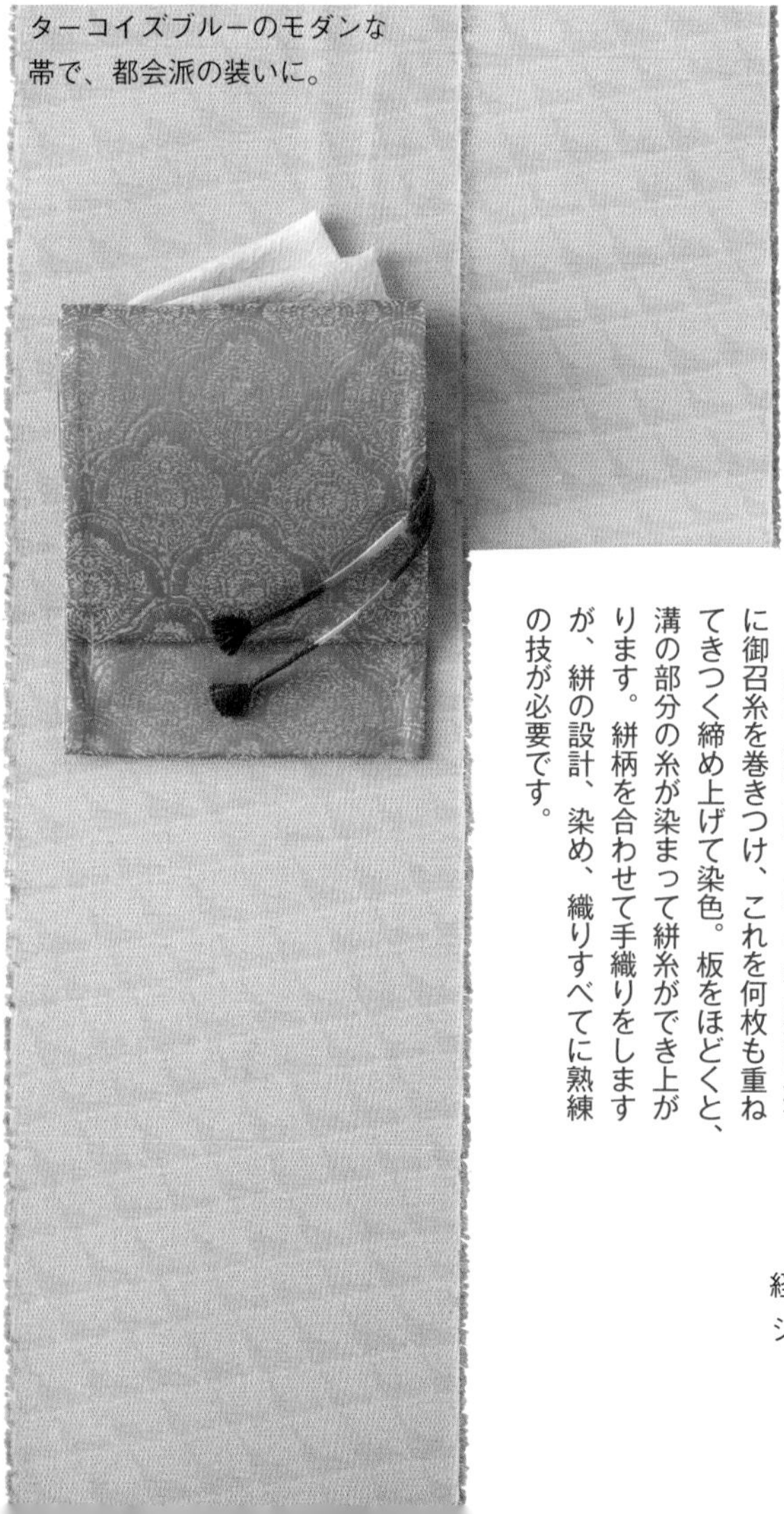

波文様を板締めによる絣柄で表現した白鷹御召。鮮やかなターコイズブルーのモダンな帯で、都会派の装いに。

白鷹御召

山形県白鷹町で作られている御召で、板締め技法による経緯絣の絹織物。板締めとは絣板（溝を彫ったブナ材の薄い板）に御召糸を巻きつけ、これを何枚も重ねてきつく締め上げて染色。板をほどくと、溝の部分の糸が染まって絣糸ができ上がります。絣柄を合わせて手織りをしますが、絣の設計、染め、織りすべてに熟練の技が必要です。

経糸で縞を織りだしたシックな縞御召。

は、この撚りの回数を多くした強撚糸《きょうねんし》を緯糸に使うことによって生まれます。緯糸は撚りをかけて染めたあと、糸に糊付けをします、この糊は、縮緬の場合のセリシンの役目です。糊付けした状態で織り、織り上げた生地をお湯につけると糊が落ち、布が縮んでしぼが現れます。このしぼのある織物は、素肌にさらっとなじむことから、裏地をつけず単衣《ひとえ》の着物としても好まれています。

御召の産地としては、新潟県の本塩沢《ほんしおざわ》、京都府の西陣《にしじん》御召《おめし》、山形県の白鷹《しらたか》御召《おめし》が有名です。それぞれに特徴がありますが、これ以外にも、無地、縞、格子、絣など伝統を守りながら今の時代にふさわしいさまざまな御召が作られています。

御召はセリシンを落とした先練り糸を先染めしてから織ります。上は織り上がった反物、中はお湯につけて糊を落としてしぼが現れた状態、下は湯のしをしたもの（完成品）。

御召いろいろ

縫い取り御召
模様の必要な部分を、金糸や銀糸、色糸で縫い取った、遠目には刺繡のように見える御召。

絣御召
経糸を絣括りによって染め分け、ずらしたり組み替えたりして躍動感のある柄を表現。

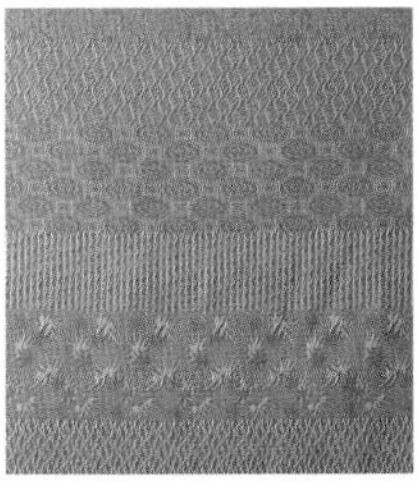

紋御召
ジャカード機などの紋織機で織られ、糸の交差や緯糸の通し方で文様を表現します。

二重《ふたえ》織物
表と裏に異なった色糸を用い、表裏の文様が反対の配色になるよう二重組織で織ったもの。

本塩沢（塩沢御召）

新潟県の塩沢地方で織られている織物。塩沢の名がつくのは、「本塩沢」「塩沢紬」「夏塩沢」と3つあり、着物の種類で分けると、御召、紬、夏用の紬となります。本塩沢は麻織物の技術を絹に生かした絹縮《きぬちぢみ》から発展したもので、経糸緯糸ともに生糸の御召糸を用います。経糸には1メートルあたり350回、緯糸には1800回もの撚りをかけます。先に糊を落として絣柄をつけてから織るため、独特のしゃり感が出ます。

右・亀甲文様《きっこうもんよう》を経緯絣で表現した本塩沢。
左・白地に伸びやかな唐草文様を織りだしたもの。

織り 2

紬《つむぎ》

繭や糸の紡ぎ方によって風合いが変わる

江戸時代、各藩は養蚕《ようさん》を奨励したため、全国でさまざまな糸や織物が作られました。きれいな糸は税として納めなくてはなりませんが、屑繭《くずまゆ》はそのまま農家に残されました。農家の女性たちはその真綿《まわた》を紡いで糸にし、自家用の布を織りました。それが紬の始まりです。こうした背景から、紬はいくら高価でも普段着扱いされてきましたが、現代ではお洒落《しゃれ》着として人気があり、糸も屑繭ではなく、上質なものを使用して丁寧に織られています。

全国各地に紬の故郷がありますが、風合いは大きく2タイプに分かれます。触ったときの感触が、ざっくりとしたものとひんやりとしたものです。その違いは主に繭や糸の紡ぎ方にあります。ざっくり紬の代表は、結城紬《ゆうきつむぎ》のような紬糸（繭から袋状の真綿を作り、手で紡いで糸にしたもの）で織ったもの、ひんやり紬の代表は、大島紬《おおしまつむぎ》のような生糸《きいと》（繭から直接糸を引いたもので、精練していない糸）で織ったものです。一般的に紬糸のものは寒い時季に、絹糸のものは秋や春に向くとされています。

大島紬

泥染《どろぞ》めと締機《しめばた》によるひんやり紬の代表。大島紬は、鹿児島県奄美大島《あまみおおしま》と鹿児島市周辺、宮崎県都城市《みやこのじょうし》で生産されています。奄美大島で織られているものを「本場奄美大島紬」、鹿児島・宮崎で織られているものを「本場大島紬」と呼びます。かつて、真綿糸を用いていたために紬の名前がついていますが、現在は経糸、緯糸ともに生糸（絹糸）を使用。特徴は泥染めと締機にあります。テーチ木（車輪《しゃりん》梅《ばい》）を煮出した液で糸を染め、鉄分の多い泥に浸しますが、これを何度も繰り返します。締機は絣糸を作る専用の織機のことで、緻密な絣模様の秘密がここにあります。

上・泥染めは鉄分の多い田んぼで行われます（奄美大島）。
下・締機による絣糸は、木綿の経糸を張り、絹糸の緯糸を通して、かたく締めながら織り上げます。織り上がったものを「絣《かすり》莚《むしろ》」といいます。
右下・泥染めした糸は、黒光りして見えます。

絣で愛らしい梅模様を織りだしたデザインは、黒に近い濃紺地の藍大島。

●草木染め

自然の植物から採った染料で糸や布を染める染色方法を草木染めといいます。植物から抽出した染液で染めたあと、媒染《ばいせん》して水洗いをして仕上げます。媒染とは媒染剤を用いて、色を定着させたり、発色させたりすることで、主な媒染剤には灰汁《あく》、ミョウバン、鉄などが使われます。

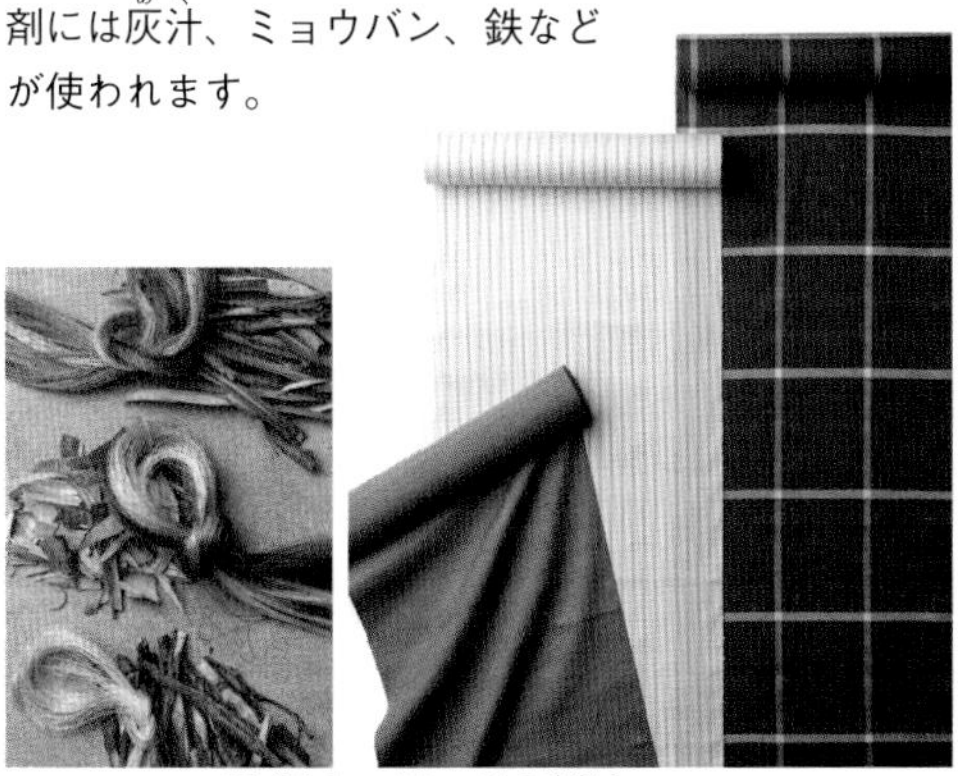

左・上から山胡桃《やまぐるみ》、栗《くり》、上溝桜《うわみずざくら》。三才山紬《みさやまつむぎ》の定番の染材。いずれも繊細な自然の色が得られます。
右・長野県で織られている三才山紬は、すべて身近な植物で染めた草木染めの糸を使用しています。

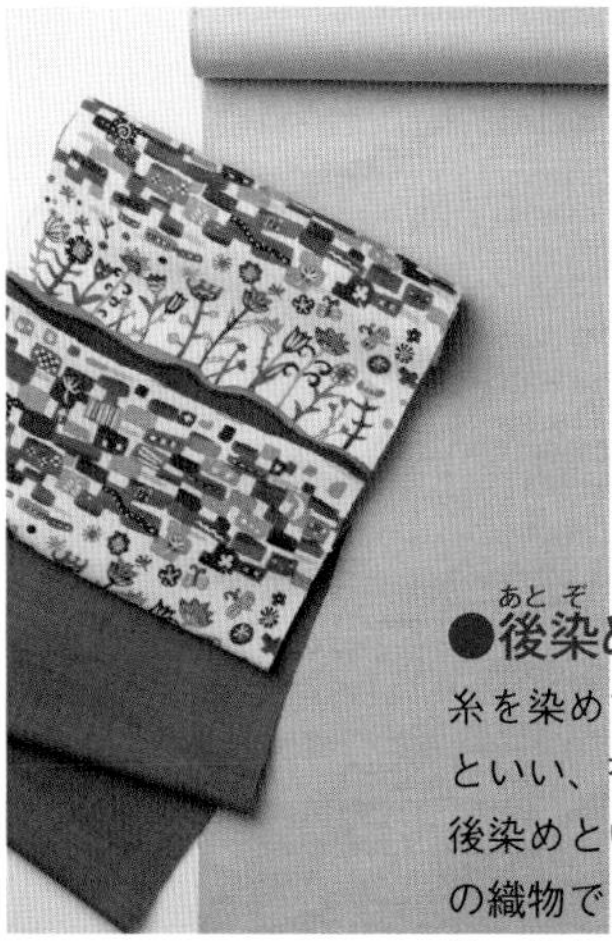

小千谷紬《おぢやつむぎ》の白生地を優しいピンク色に染めた無地の紬。紬地にお洒落な型絵染めを施した帯を合わせて。

●後染《あとぞ》め紬

糸を染めてから布に織ることを先染《さきぞ》めといい、布に織ってから染めることを後染めといいます。紬といえば先染めの織物でしたが、白い糸のまま布に織り、色無地のほか、型染めで柄をつけて訪問着や付け下げ、小紋風に仕上げることも。とくに、染め帯は紬地が人気で、個性的な作家によるお洒落な型染めの作品が多く見られます。

結城紬

真綿糸で作られるざっくり紬の代表です。茨城県結城市を中心に、鬼怒川沿いの茨城県、栃木県にまたがる地域で、古くから生産されてきました。養蚕が盛んだったこの地域では、屑繭を利用した紬が織られ、奈良時代は「常陸《ひたち》絁《あしぎぬ》」、鎌倉時代には「常陸紬」と呼ばれました。その後、結城家の保護のもとで栄えたことから、結城紬の名が定着したとされています。一反の着物地ができるまでには、30もの工程が必要で、その中の糸紡ぎ（真綿から手で糸を引き出す）、絣《かすり》括《くく》り（手で括る）、居座機《いざりばた》（古い形の地機《じばた》で織る）の3つが重要無形文化財の指定を受けています。

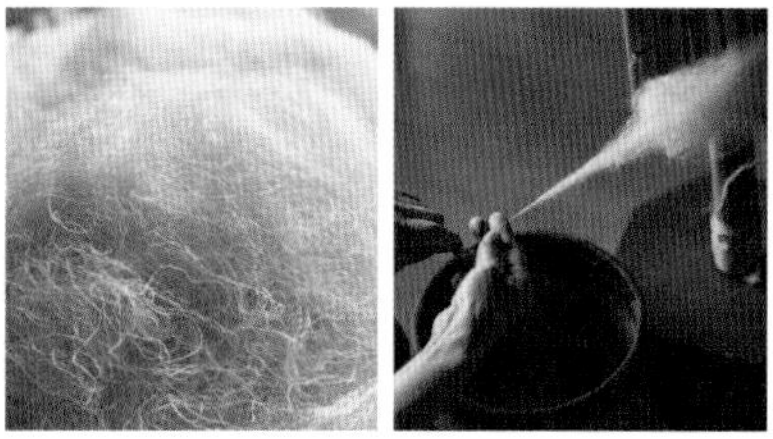

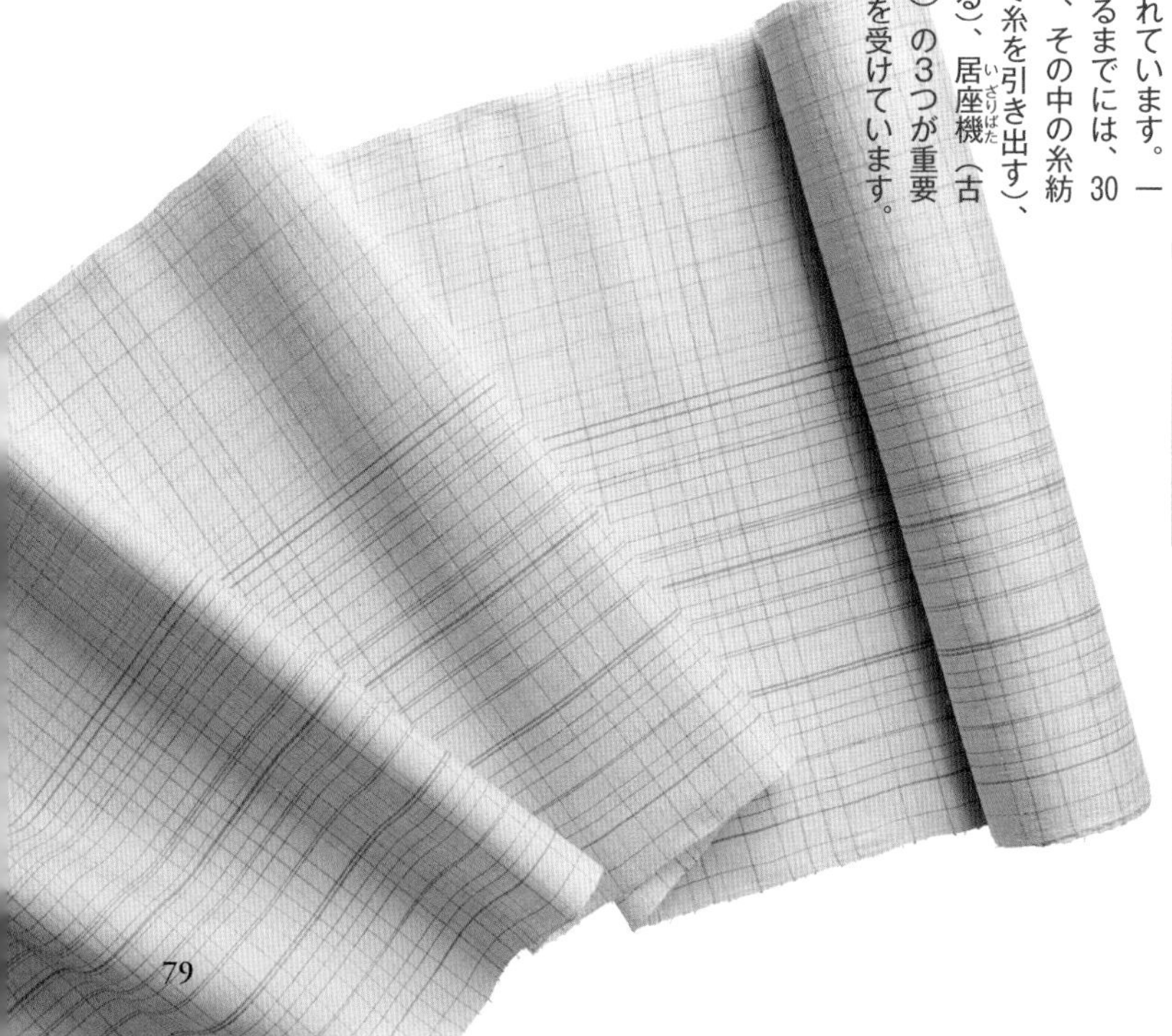

上右／上左・繭から袋状の真綿を作り、それを「つくし」という道具にかけ、綿から直接糸を引き出します。左手で糸を引き出し、右手に唾液をつけて糸に紡ぎます。
左・温かみのあるクリーム色の地に、淡い臙脂《えんじ》色で不揃いの格子を織り込んだモダンな結城紬。

織り 3

木綿《もめん》

綿花から採った糸で織る素朴な風合いの着物

絹に比べるとほっこりとした風合いに特徴のある木綿素材。綿花を糸状に手紡ぎ、あるいは紡績した糸で、着物や帯が作られています。木綿が日本に伝来したのは8世紀末で、インド人によって三河（愛知県）に種がもたらされましたが、うまく育ちませんでした。室町時代に再び伝来して、その後定着。日本で本格的に木綿栽培が始まったのは、江戸時代です。絹のほかに、樹皮などの植物繊維で織った布（太布《たふ》）や麻しかなかった日本では、やわらかい木綿の着心地と染織のしやすさから、瞬く間に全国に広がりました。麻に代わって浴衣や普段着に用いられ、数々の木綿の産地が生まれ、今に受け継がれています。

木綿といえば、縞や格子が一般的ですが、江戸時代後期になると絣柄も織られるようになりました。絣は糸の一部を防染して模様を織り上げる技法で、現在は紬にも盛んに利用されていますが、もともとは木綿の模様として発展したものです。木綿は一時期絹織物に押されて低迷した時期もありましたが、現在は肌に沿う風合いと素朴な色柄、手頃な価格などが好まれて、若い世代にも人気があります。

手紡ぎした貴重な茶綿《ちゃめん》と白綿《はくめん》の糸。機械で紡績したものとは、大きく風合いが異なります。

綿花には白と茶色があります。こちらは糸にする前の茶綿。綿花を布団のように平らにし、さらに棒状にして、糸車で撚りをかけながら糸にしていきます。

松阪《まっさか》木綿

三重県松阪市周辺で、江戸時代から作られている木綿織物です。「遠目には無地に見えるが、近づくと縞柄になっている」という粋な柄が、江戸っ子に大人気。歌舞伎の世界では役者が縞の着物を着ることを「マツサカを着る」と表現していたとか。この縞柄のルーツは、安南《あんなん》（現在のベトナム）の柳条布《りゅうじょうふ》といわれ、松阪商人が異国風の柄を日本人向けにアレンジしたのが始まりです。現代も藍の濃淡を使った糸で縞や格子が織られています。

上・天然の藍で染められた木綿糸。濃淡を組み合わせて使います。

下・松阪木綿のはぎれを貼り付けた古い縞柄帳。安政4（1857）年に作成されたもの。

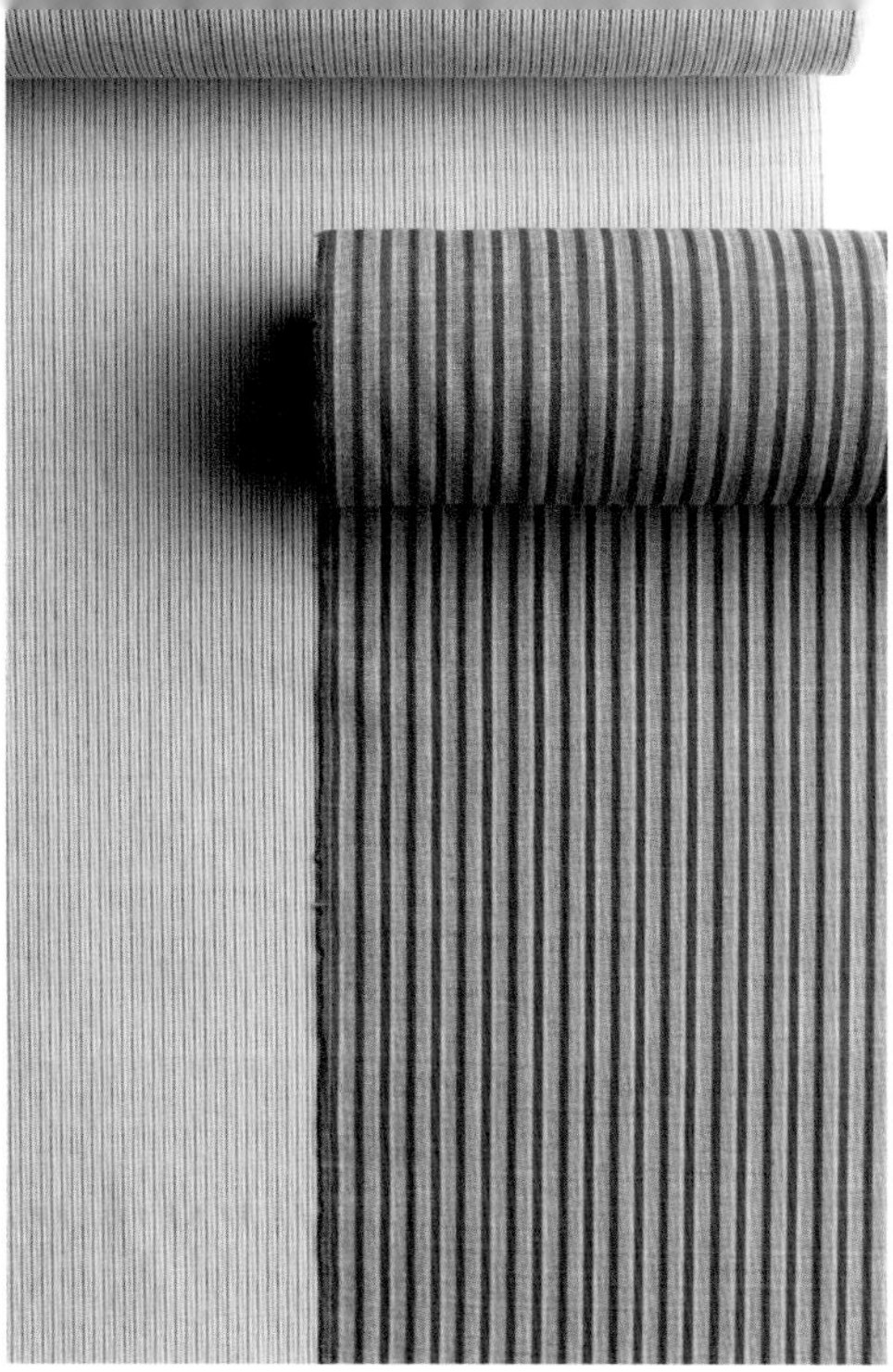

藍の濃淡を工夫することで、印象の違う縞柄を表現できます。洋服感覚のすっきりとした柄ゆきが主流です。

配色の工夫によって、縞と格子のバリエーションが広がります。丹波布は緯糸につまみ糸の白いラインを入れるのが特徴で、これだけで素朴な木綿織物がいきいきとした表情になります。右は八寸帯、左は着物地、手前は半幅帯でリバーシブルで楽しめるデザイン。

丹波布《たんばぬの》

兵庫県丹波市青垣町《あおがきちょう》佐治《さじ》地域を中心に織られている木綿織物。それまで佐治縞貫《しまぬき》、佐治木綿と呼ばれていた厚手の木綿織物を、民芸運動の創始者・柳宗悦《やなぎむねよし》が丹波布と命名。そして、昭和32（1957）年に国の無形文化財に指定されました。丹波布の色柄は、主に藍と茶を組み合わせて格子柄に織られます。茶色は地元で採れる植物を用いて濃淡に染め分けます。

上・丹波布はデザインから織りまでを1人で担当。

下・地元の植物で染めた糸。染材は上が栗、下が小鮒草《こぶなぐさ》。

織り 4

麻《あさ》・上布《じょうふ》

素肌にさらりとまとう 涼しげな夏の素材

蒸し暑い日本の夏に涼を呼ぶ素材といえば、麻です。江戸時代に木綿が一般的になるまで、夏冬問わず庶民が着ていたのは、麻の着物でした。天然素材の中でも、麻はもっとも丈夫で絹のような光沢を持っています。この植物繊維で織った平織《ひらお》りの布は、古くは献上布だったものが多く、上布と呼ばれています。今も、上布と名のつく織物が各地で作られ、夏の着物や帯の素材として親しまれています。同じ麻の仲間に縮《ちぢみ》と呼ばれるものがありますが、緯糸に強く撚りをかけて織ることで、生地にしぼが生じたものです。

麻や上布の多くは、ラミー糸か苧麻《ちょま》を原料にしています。苧麻は越後《えちご》上布や宮古《みやこ》上布などの上布に用いられ、それ以外の麻の着物はほとんどがラミー糸を用いて作られます。ラミー糸は苧麻の変種ですが、葉も茎も苧麻より大きく、機械紡績されて糸になります。

八重山《やえやま》上布

沖縄県の石垣島を中心とした、八重山諸島で生産されている麻織物。苧麻の手紡ぎ糸を使って織られ、琉球王朝時代には貢布《こうふ》にも。伝統的なものは、白地に焦げ茶色の絣模様が浮かび上がる素朴で爽やかなデザインです。この絣は手括りではなく摺《す》り込《こ》み捺染技法によるもので、焦げ茶色の染料はヤマイモ科の紅露《こうろ》を使用。織り上がったら、海晒《うみざら》しをして不純物を落とします。白地の上布のほか、島の植物を用いた色絣の八重山上布も作られています。

近江《おうみ》上布

滋賀県の湖東《ことう》地方で織られている麻織物。近江上布の名は近江商人によって、全国に知られるようになりました。上布の技は鎌倉時代に京都から移り住んだ職人によって伝えられ、その後改良を重ねて、現在のような風合いを持つ麻織物に。乾燥すると切れやすい麻の性質がこの土地にあっていたようです。現在の近江上布は、経緯糸ともに苧麻を使って織ったものと、ラミー糸を用いた絣があります。

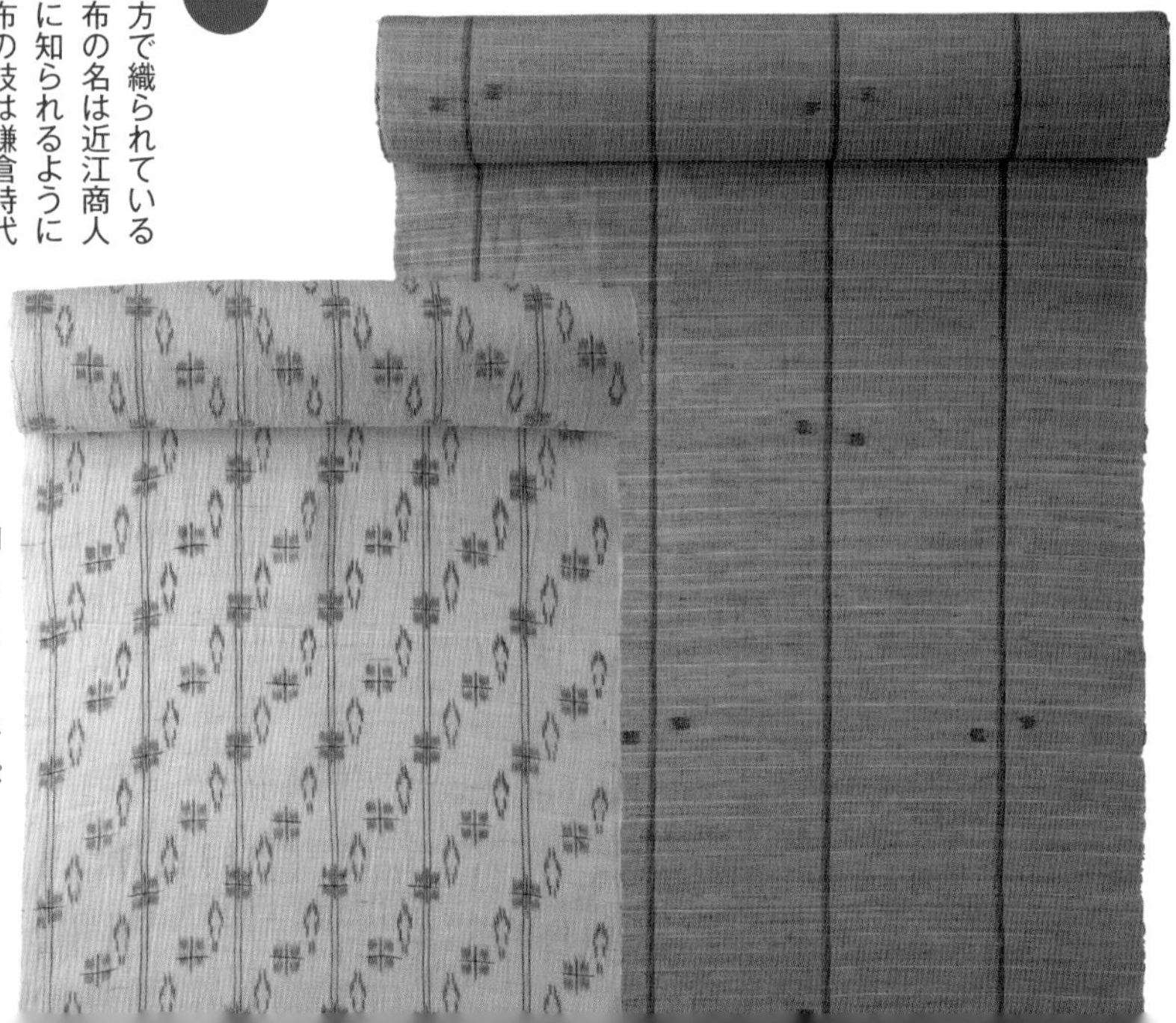

右・草木の色が美しい八重山上布。絣模様を控えめに散らしているので、帯合わせがしやすいのも魅力。
左・生成《きな》り地に縞と絣を組み合わせたナチュラル感たっぷりの近江上布。

日本が世界に誇る3大高級麻織物。原料の確保や制作に時間がかかるため、生産量は年々減っています。

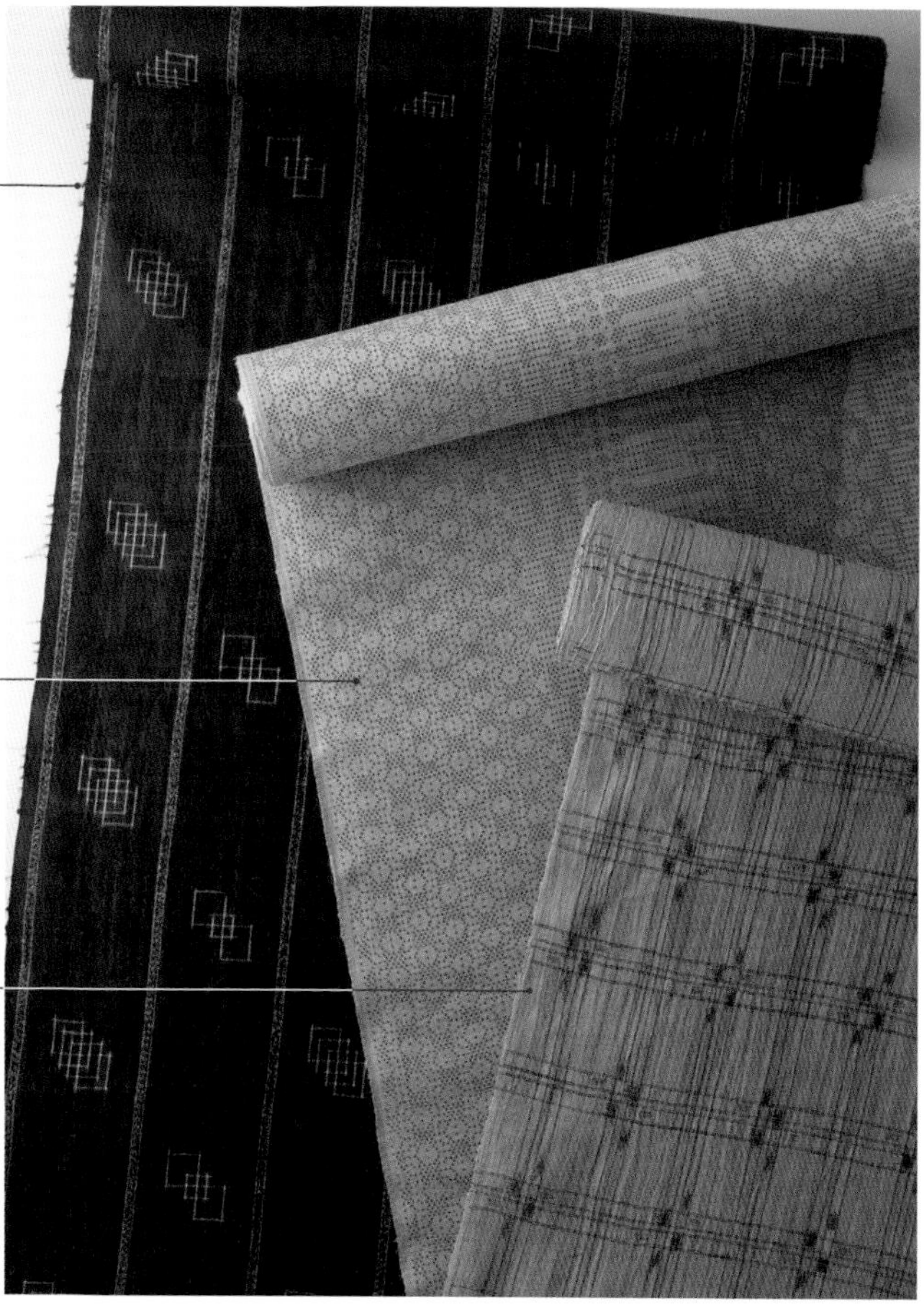

宮古上布

沖縄県の宮古島で作られる、藍地または白地に細かな絣柄を織りだした極上の布。薄いのに耐久性に優れ、さらりとした肌触りが特徴。苧麻の茎から指先で繊維を裂いて1本の糸にする(苧《お》積《う》み)のは越後上布と同じ。絣糸は締機を使い、藍色は琉球藍で染めます。繊細な絣柄に織ったあと、砧《きぬた》打《う》ちを行い、つやと張りのある上布が完成します。

越後上布

新潟県南魚沼市《みなみうおぬまし》で織られている麻織物。この地域は江戸時代に日本一の麻織物産地に。現在、越後上布には、重要無形文化財の指定（糸の原料は苧麻、糸は手《て》積《う》み、絣は手くびり、地機で織る、白地のものは雪晒《ゆきざら》しを行う)を受けたもの、経糸にラミー糸を用いて高機《たかばた》で織ったもの、経糸緯糸ともにラミー糸を用いたものの3種類があります。

小《お》千《ぢ》谷《や》縮《ちぢみ》

新潟県小千谷市を中心に作られている麻縮で、重要無形文化財に指定。江戸時代初期、播磨国《はりまのくに》明石《あかし》の堀次郎将俊《ほりじろうまさとし》が、表面が平らな越後上布に、緯糸に強撚糸を用いる明石縮の技法を加えて、しぼのある麻織物を織りだしたのが始まりとされます。現在はラミー糸を用いた小千谷縮が生産の中心で、手軽な夏の着物として広く親しまれています。

能《の》登《と》上布

石川県鹿島郡中能登町を中心に作られている麻織物。本格的に生産が始まり、能登上布と呼ばれるようになったのは明治時代末期。以来、櫛押《くしお》し捺染（手捺染）や板締めなどによる伝統的な絣技法が守られてきました。櫛押し捺染は、約1200本の糸を幅20センチの枠に並べ、その上から染料をつけた櫛形の板を押しつけて絣糸を染めます。

左・福島県昭和村で栽培されているからむし(苧麻)。こちらは主に越後上布の原料になります。右・からむしの茎からこのように糸が生まれます。この糸からたくさんの工程を経て、珠玉の上布が作られています。

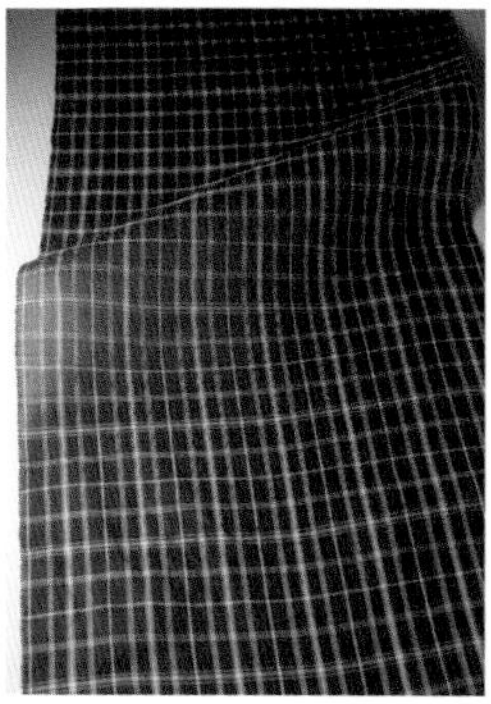

黒地に格子柄を織りだしたすっきりとした能登上布。

織り 5

錦織《にしきおり》

色とりどりの糸を緯糸に使って模様を表現

錦織とは金糸銀糸、多彩な色糸などを使って模様を織りだす紋織物の総称で、華やかさや豪華さの代名詞としても使われます。そのため、佐賀錦《さがにしき》や唐織《からおり》、綴織《つづれおり》など、豪華で重厚感のある技法も錦織の仲間です。

錦織は紀元前5世紀頃に中国で誕生し、日本に伝えられたのは古墳時代とされています。主に京都・西陣で生産されています。もともと錦織は、経糸で模様を織りだす経錦《たてにしき》でしたが、唐代に緯糸で模様を表現する「緯錦《ぬきにしき》」の技法が生まれ、以来多くの色糸を組み合わせることが経錦よりも簡単になったために、より美しい模様が表現できるようになったのです。日本でも奈良時代以降は、緯錦が織られるようになりました。

織り機の形態は、もっとも原始的な人力による空《そら》引機《びきばた》から始まり、明治時代初期にはフランスからジャカード織り機が輸入され、複雑な模様も織れるようになりました。

右・豊富な色糸を用いて、豪華な錦織の帯が生まれます。
左・高機のジャカード機が導入されて、西陣織の帯は量産が可能に。帯の柄を織り機に指示するのは、パンチカード（紋紙《もんがみ》）に代わりデータフロッピーが使われています。

留袖や訪問着、振袖などのフォーマル着物に合わせたい、錦織の袋帯。

左・錦織の地の部分は綾《あや》織《お》り（斜文《しゃもん》織り）。そこに緯糸で模様を織りだします。
右・図案に合わせて、必要な数の色糸を用意。模様は裏側に織りだされます。

佐賀錦

起源は江戸時代で、肥前鹿島支藩鍋島家中で織られたのが始まりです。当時は鹿島錦と呼ばれ、代々鍋島家の婦人たちによって工夫が重ねられました。明治43（1910）年、日英博覧会に出品したのを機に佐賀錦と命名され、京都・西陣で生産されるようになったのです。経糸に金銀の箔糸を使用し、金糸銀糸、多彩な色糸を緯糸に織り込んでいるため、全体に放つ美しい輝きに特徴があります。

経糸に用いられる金箔の糸。

黒地に金糸銀糸で荒波と鳥を織りだした控えめな錦織の袋帯。小紋箔《こもんぱく》で瑞雲《ずいうん》をあしらった訪問着と合わせてお祝いの席に。

花の丸文の佐賀錦の袋帯。梔子色《くちなしいろ》の地にふんわりと描かれた、濡れぼかし友禅の訪問着を合わせた華やかな装いはパーティにも。

織り 6

唐織《からおり》

光沢のある糸で織る模様は、立体感のある仕上がり

能装束の織りとしても知られる唐織は、光沢のある美しい緯糸を浮かせて模様を織りだしたもの。立体感があるので、一見刺繍のように見えます。唐織は室町時代に中国の明《みん》から伝わった織物ですが、中国から船に積まれたものは時代に関係なく、「唐《から》」という名前をつけて呼ばれることが多かったことから、唐織の名がついたとされています。西陣では室町末期に組織が解明されて、織り始められました。江戸時代になると、大名夫人の豪華な打ち掛けとして人気に火がつき、現代でも礼装用の帯として用いられています。

地は三枚綾《さんまいあや》と呼ばれる綾織り（斜文織り）が主流で、唐織の場合は目の詰んだ織りにするために、地色になる経糸を濡らしながら織り、「埋機《うめばた》」という特殊な設置方法で織られるものもあります。

まるで刺繍のように模様が浮かび上がる唐織の袋帯。

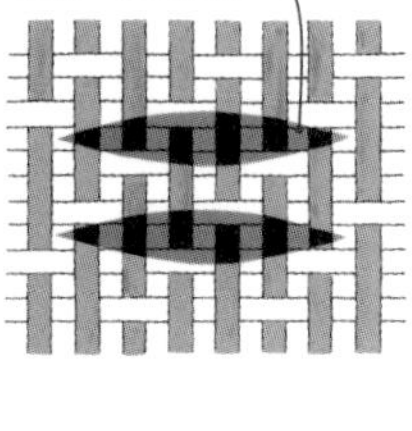

上右・湿気を好む唐織は、糸の湿度を保つために、土を掘ったところに設置した埋機で織られます。
上左・色糸は太く光沢のあるだるま糸が用いられます。箔を細く切った箔糸も使用。
右・斜文織りに緯糸で模様を表す場合の、唐織の組織図。

織り 7

綴織《つづれおり》

鋸形《のこぎりがた》の爪で糸を寄せて繊細な模様を表現

模様を織りだす技法としてはもっとも古く、エジプトではコプト織、中国では剋糸《こくし》、ヨーロッパではゴブラン織と呼ばれます。素材や意匠はそれぞれ異なりますが、世界中で発展してきた織物です。国内では江戸時代に、剋糸の技法にならって西陣で始まり、祇園祭など祭礼の装飾品として用いられました。やがて、明治時代初期に渡欧した川島甚兵衛によって、ゴブラン織の技法と様式を取り入れた帯が織られるようになりました。

綴織の特徴は、模様の境目に「把釣《はつり》孔《こう》」と呼ばれる隙間があることです。綴織の場合は通常の織物と異なり、経糸の下に下絵を置き、緯糸で無地と模様の部分を別々に織り進めるため、隙間ができるのです。そのため、経糸はまったく見えません。

丁《ちょう》子《じ》立涌《たてわく》花菱文《はなびしもん》を織りだした綴織の袋帯。宝尽くし文様が大きく繡い上げられた訪問着を合わせて、結婚パーティなどに。

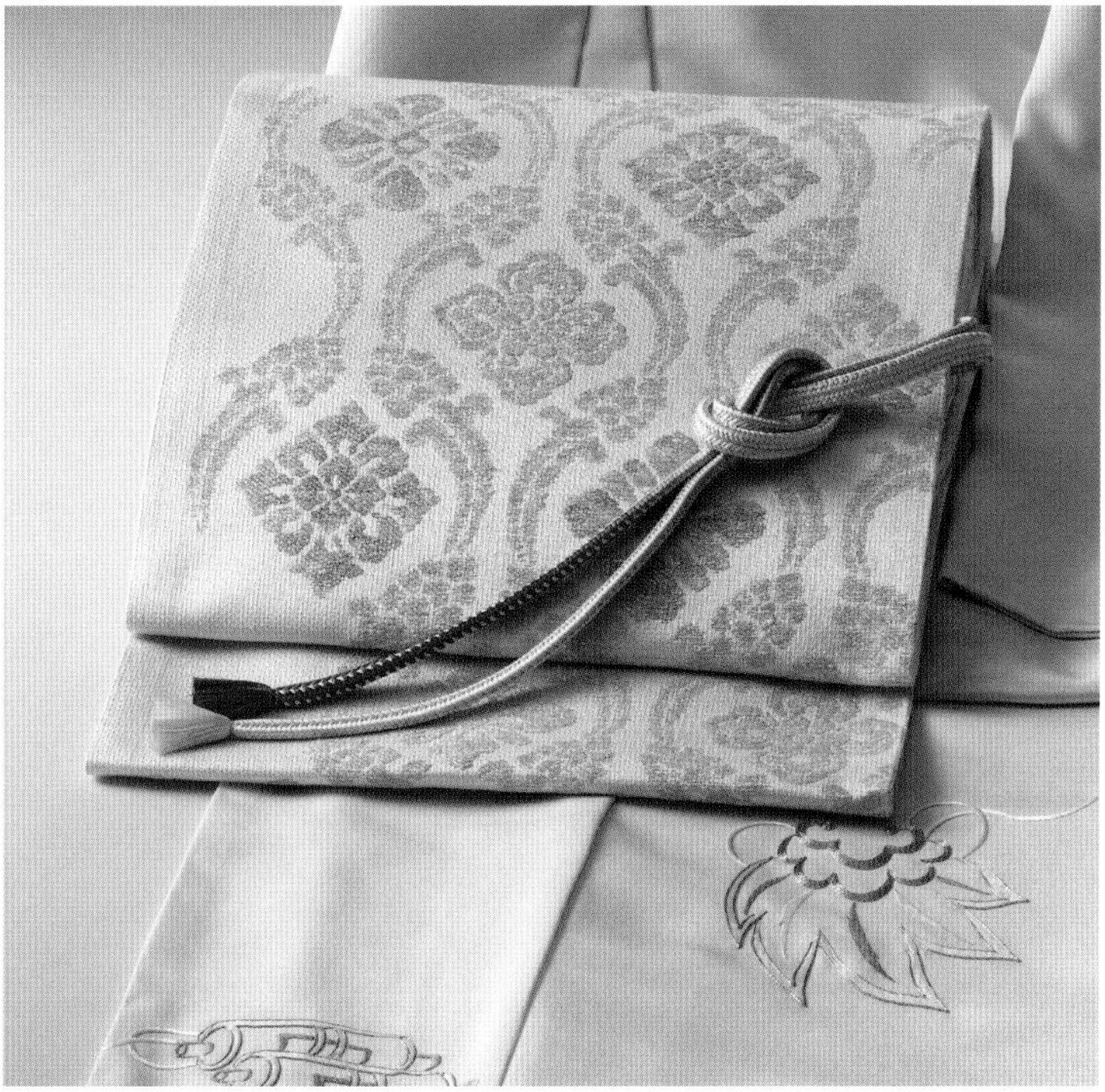

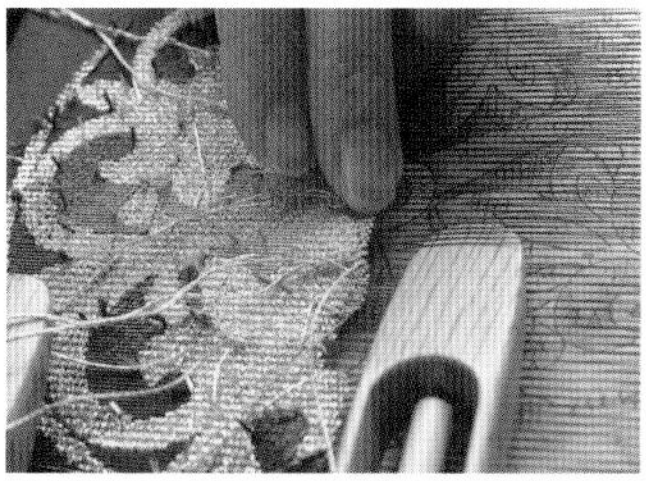

緯糸を鋸形の爪でかき寄せながら織ったものは、本綴《ほんつづれ》（爪綴《つめつづれ》）と呼ばれます。
本綴は先端がギザギザの爪で、緯糸を手前にかき寄せるように織ります。

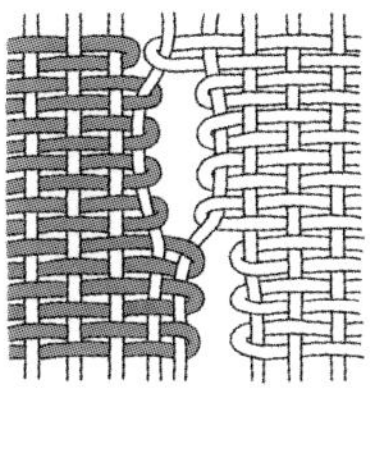

把釣孔
基本的な織り方の一例。緯糸が下絵に合わせて織り返された部分に隙間ができますが、密度が高いので、強度的に問題はありません。

●綴織の仕組み

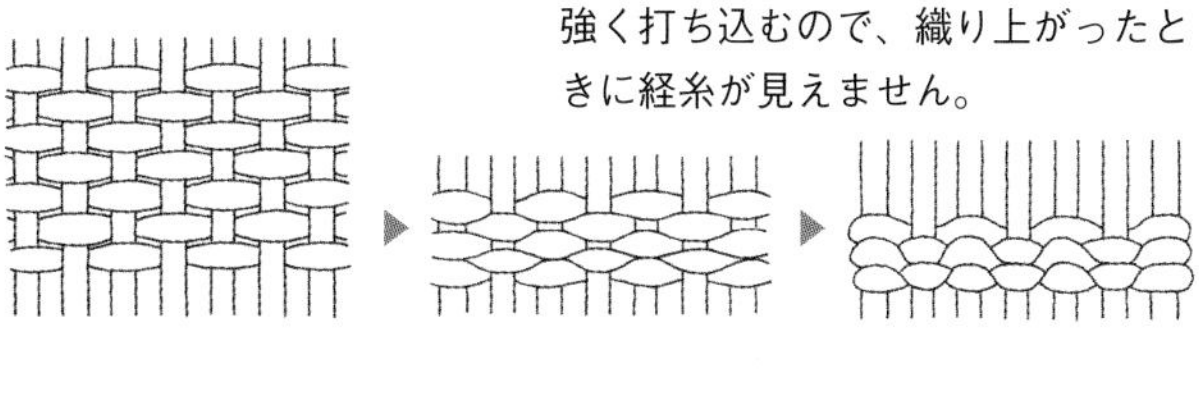

左・基本の経糸と緯糸の組み合わせは、平織りと同じです。
中／右・綴織は緯糸を手前に寄せて強く打ち込むので、織り上がったときに経糸が見えません。

無地感覚の着物に合わせた献上柄の博多帯。お太鼓部分は1枚で、きりっとした装いになります。

織り 8

博多織《はかたおり》

しゃっきりとした風合いと独特の伝統柄が魅力

博多織の定番柄は、縞や格子に、法具を図案化した独鈷《とっこ》や花皿（花籠《けこ》）などがあります。これらの文様は中国の浮き織り技術を取り入れたものですが、さらに16世紀後半に博多の組紐商が中国に渡って織物の技法を学び、帰国してから改良を重ね、現代の模様に受け継がれています。

博多織にはさまざまな種類がありますが、献上《けんじょう》・変わり献上、平《ひら》博多、間《かん》道《とう》、総浮き、綟《もじ》り織り、重ね織り、絵《え》緯《ぬき》博多の7種類が、伝統技法として今も生産されています。そのなかでも、よく知られているのは「献上」です。江戸時代、当時の福岡藩主黒田《くろだ》長政《ながまさ》は幕府への献上品として博多織を選びました。毎年、将軍へ献上したことから、この名がついたようです。博多織の特徴はほかの帯地に比べて緯糸が太く、経糸が密になっていることです。強く打ち込むために、織り上がった帯地には、緯糸は見えず横に畝《うね》ができています。

この厚手の張りのある帯は、袋名古屋帯や半幅帯に織られますが、きつく締めたときや大きく息をしたときに、強く打ち込んだ緯糸がきゅっと鳴るのも、博多織ならでは。結びやすく緩みにくい帯として人気があります。

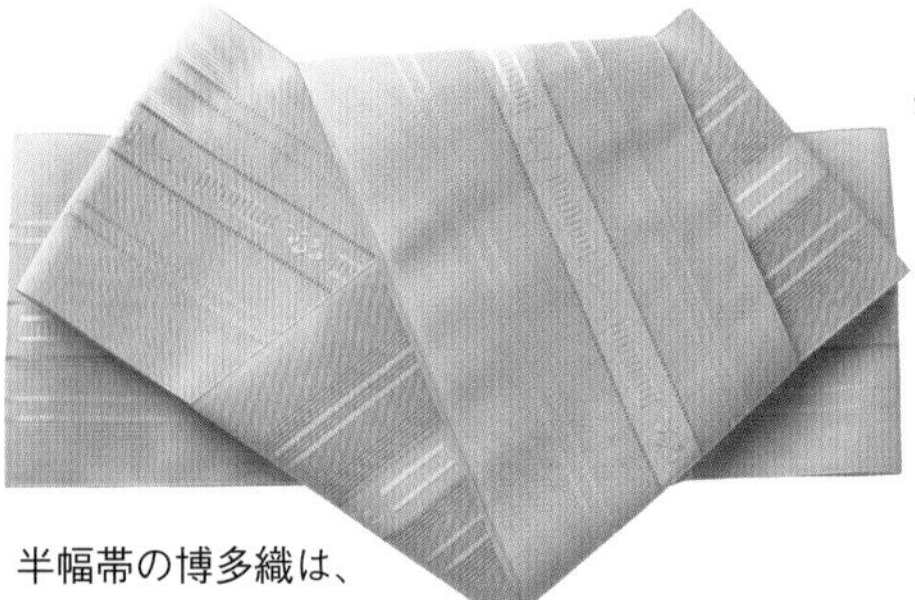

半幅帯の博多織は、浴衣から小紋、紬まで締められます。こちらは献上柄の涼しげな紗《しゃ》の博多帯。

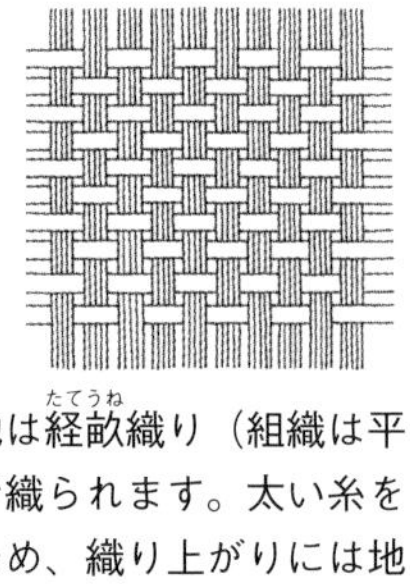

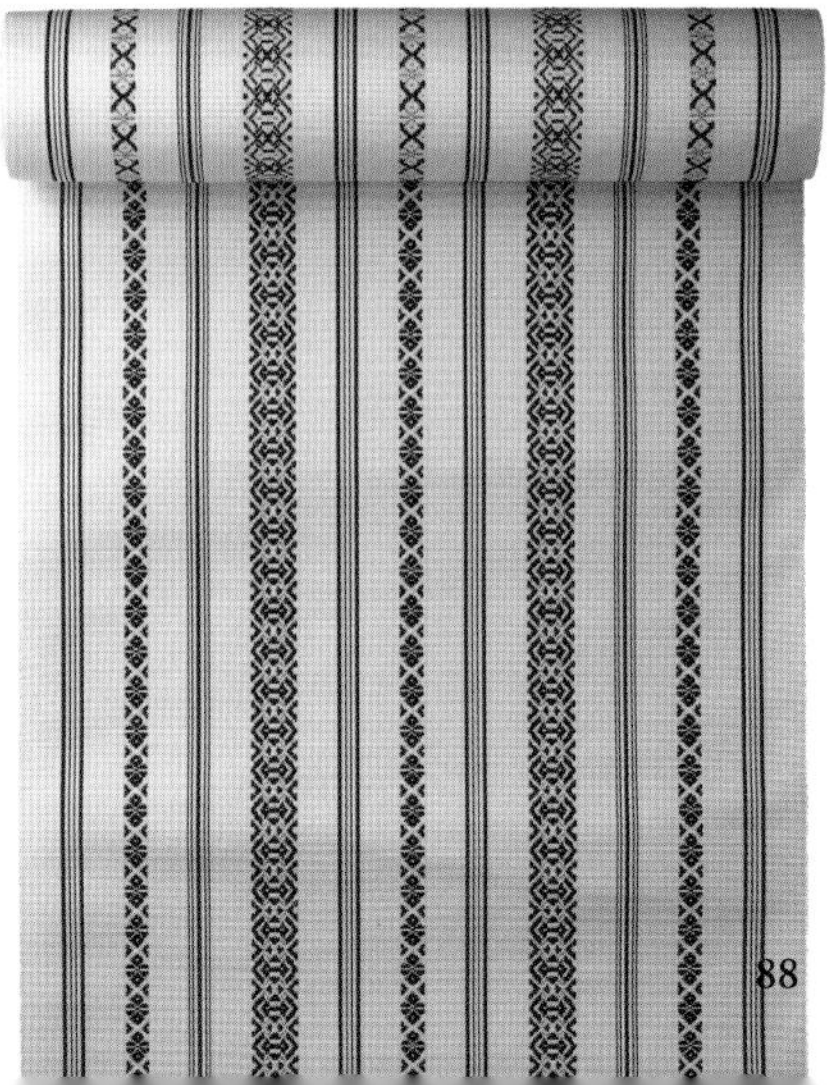

上・博多織の地は経畝《たてうね》織り（組織は平織りと同じ）で織られます。太い糸を強く打ち込むため、織り上がりには地の緯糸は見えません。
右・独鈷模様が際立つシックな色合いの博多帯。やや堅めの風合いは単帯《ひとえおび》向き。袷《あわせ》にも単衣にも締められます。

織り 9

花織《はなおり》

浮き織りの模様が美しい沖縄生まれの技法

沖縄の紋織りの一種で、産地では「はなうい」とも呼ばれています。仕上がりが小花を刺繍したように見えるため、帯地だけでなく着物にも用いられます。模様が浮いているように見える浮き織りには、いくつか種類があります。経糸を浮かせたものを「経浮き花織」、緯糸を浮かせたものを「緯浮き花織」、表裏ともに糸を浮かせたものを「両面浮き花織」、模様を縫い取ったものを「縫い取り花織」といいます。

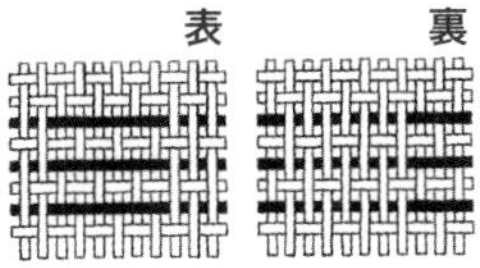

緯糸を浮かせた花織の組織図。

幾何学模様を表現した花織の帯。カジュアルな着物に。

織り 10

斜子織《ななこおり》

太い糸で織る通気性のよい織物

平織りの一種で、たたみ織、バスケット織とも呼ばれます。平織りは経糸と緯糸を1本ずつ交互に交差させて織りますが、斜子織は経糸と緯糸をそれぞれ2本かそれ以上の糸を束ねて織るので、通常の平織りよりも太い糸で織ることになります。そのため、織り上がった生地は隙間が多く、通気性のよいのが特徴です。また、粒々とした表面が魚の卵に似ていることから「魚子《ななこ》織」、経糸緯糸を2本並べて織ることから「並子《ななこ》織」とも表記されます。

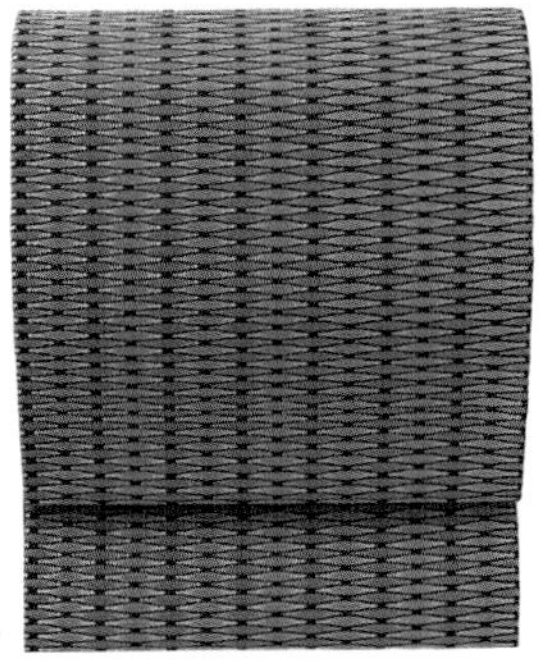

上・平織りの変化組織を織りだした斜子織の帯。左・斜子織の組織図の一例。経糸と緯糸が2本ずつ織り込まれています。

織り 11

櫛織《くしおり》

緯糸が波打つように見えるざっくりとした織り

主に帯地に用いられる櫛織は、緯糸を織機に通して打ち込む際、櫛を使って経糸をかきながら織ります。櫛を用いるために、生地の密度が変化し、ランダムな織り目ができ、緯糸がよろけて見えるのが特徴です。織り上がった帯地は大変軽く、透け感があるため通気性抜群で、夏の帯として人気があります。一方で、緯糸に多彩な色糸を用いて織り上げたものは、袷にも合います。

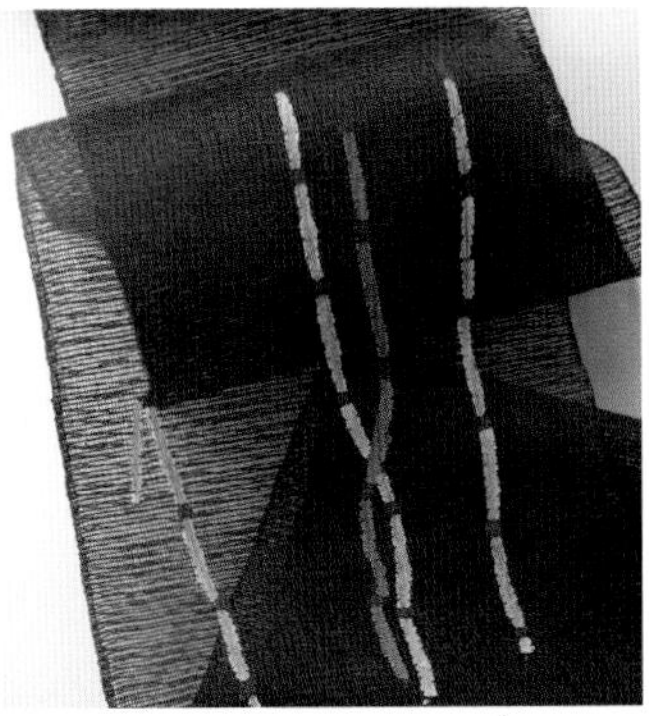

涼しげな紗の櫛織の袋帯。絽《ろ》や紗、夏紬の着物に合わせて、盛夏に。

織り
12

絽《ろ》

透ける絽目《ろめ》が涼しげな夏の素材の代表

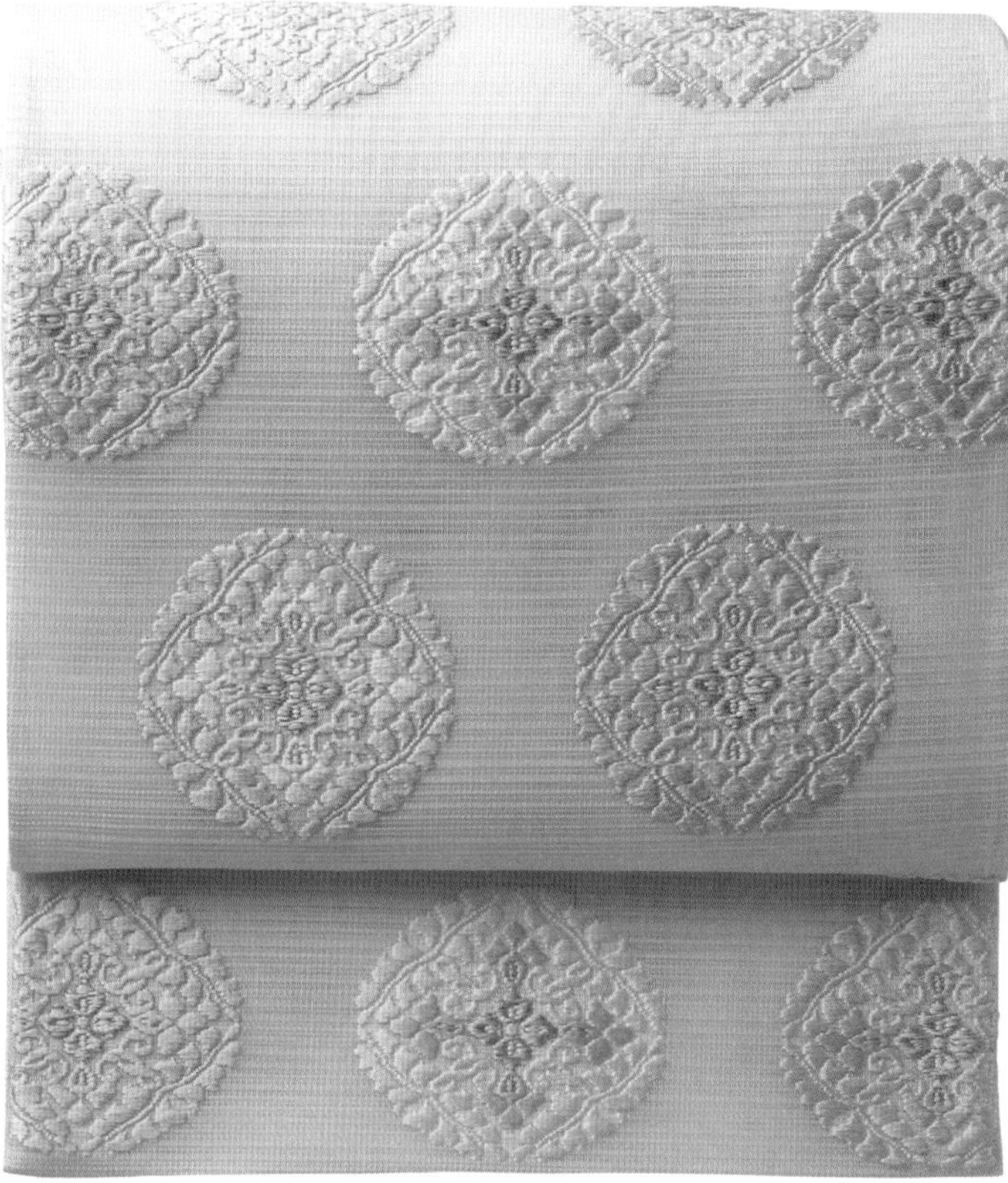

格調高い有職《ゆうそく》文様を織りだした絽唐織の袋帯は、夏のフォーマルに。

透け感を特徴とする「搦《から》み織り（綟《もじ》り織り）」の技法を取り入れた布のことを「薄物《うすもの》」と呼びます。ここで紹介する絽、紗、羅《ら》の織りの組織は、すべて搦み織りになります。なかでも、夏素材の代表である絽は、縦または横に「絽目」と呼ばれる筋が入っています。これは搦み織りの間に平織りを入れることで構成され、横に絽目のあるものを横絽《よころ》、縦に絽目のあるものを竪絽《たてろ》といいます。一般的に帯には、横絽が用いられます。

平織りを構成する緯糸の数は必ず奇数で、その本数によって「三本絽」「五本絽」「七本絽」と呼ばれます。さらに平織りの部分に地紋を表した「紋絽《もんろ》」、緯糸を強く打ち込んだ「絽綴《ろつづれ》」、多色の色糸を織り込んだ「絽唐織《ろからおり》」などさまざまなものがあります。

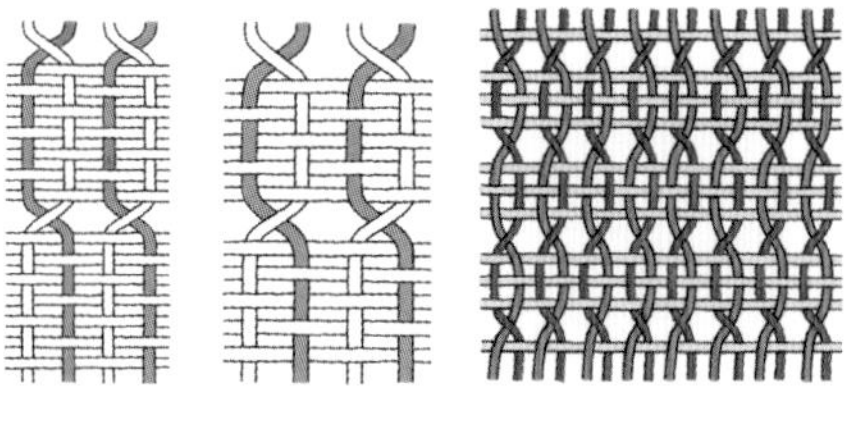

右・経糸は2本の糸が搦み、その間に3本の緯糸を入れて平織りした三本絽。
中・5本の緯糸を入れた五本絽。
左・7本の緯糸を入れた七本絽。

織り 13

紗《しゃ》

緯糸で涼しげな文様を織りだす定番の夏帯

左・すっきりとした唐草文様の紋紗の袋帯。右・有職文様の一種、波立涌《なみたてわく》を織りだした紗の袋帯。

搦み織りの一種ですが、絽と異なるのは、すべて搦み織りで構成されることです。織り帯、染め帯の両方が作られ、染め帯の場合は一般的に地紋のない「素《す》紗《しゃ》」に涼しげな文様を染めだします。

一方、織り帯の多くは、地紋のある「紋紗」の地に、さまざまな文様を紋織りで表現したものが主流です。その中には、緯糸に白糸や色糸を用いて、華やかな文様を織りだしたものもあります。

紗の歴史は古く、中国では紀元前3世紀（漢代《かんだい》）にすでに織られていたようです。日本では平安時代に貴族の盛夏の装束として用いられました。そのせいか、見た目の涼しさだけでなく、どこか雅な雰囲気が漂う織物です。

紗の組織図。地の経糸と綟る経糸を1本ずつ交互に並べ、緯糸1本ごとに綟る経糸を左右に動かして織っていきます。

織り 14

羅《ら》

菱形など網目状の織り柄が印象的

もっとも織り目が粗く涼しげな羅は、主に帯地として用いられる織り技法です。紗よりも歴史は古く、中国では漢代よりも前の秦《しん》の時代にはすでに織られていたとされています。日本では奈良時代から各地で作られていましたが、室町時代中期の応仁の乱を機に一時衰退し、戦後を迎えた昭和にようやく復元されました。

羅は絽や紗と異なり、太撚りの糸を用いて1本の経糸に対して、左右2本の経糸が搦み合うことで独特の織り目を作ります。この基本的な組織には、網目羅《あみめら》と籠目羅《かごめら》がありますが、どちらも絽や紗と比べると、はるかに大きな隙間が特徴です。

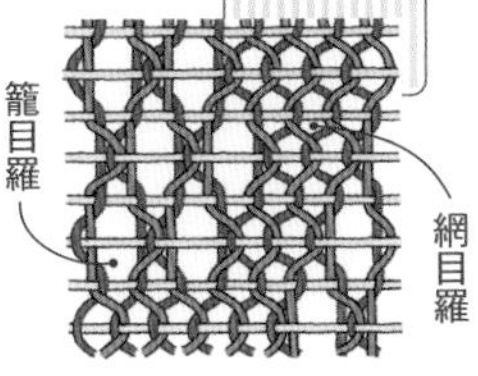

網目羅は搦み合う2本の経糸を、隣り合う左右の経糸と交互に搦み合わせた網目状の羅。籠目羅は経糸を左右の経糸と組み合わせて織り、緯糸を4本に1本搦み目を外します。

幾何学模様が美しい羅の帯は、夏のお洒落な装いに欠かせません。

着物の染め替え

派手になったり、古くなったり、譲られたもので寸法が合わなかったり、そんな着物がたんすに眠っていませんか？　絹の着物はひと手間かけることで、また別の新しい着物に甦ります。そのもっとも一般的な方法が着物を染め替えることです。

染め替えとは、着物の地色を替えることですが、その前に着物をほどいて一枚の布に戻し、洗います。これを「洗い張り」といいますが、このときに染め替えをして仕立て直すと、まるで新しい着物のようにきれいになります。染め替えにはさまざまな方法がありますが、ここでは代表的な4つの方法を紹介します。どう染め替えるのかによって費用も異なるので、依頼する前に必ず見積もりをしてもらいましょう。

染め替えのできるものは、絹製の縮緬や綸子、絽などの素材です。織りの着物の場合は、後染めの紬などです。ポリエステルの着物や絹でも草木染めなどは、基本的に染め替えはできません。どこに依頼するかですが、まずはおつきあいのある呉服店や住んでいる町の呉服店に相談してみましょう。

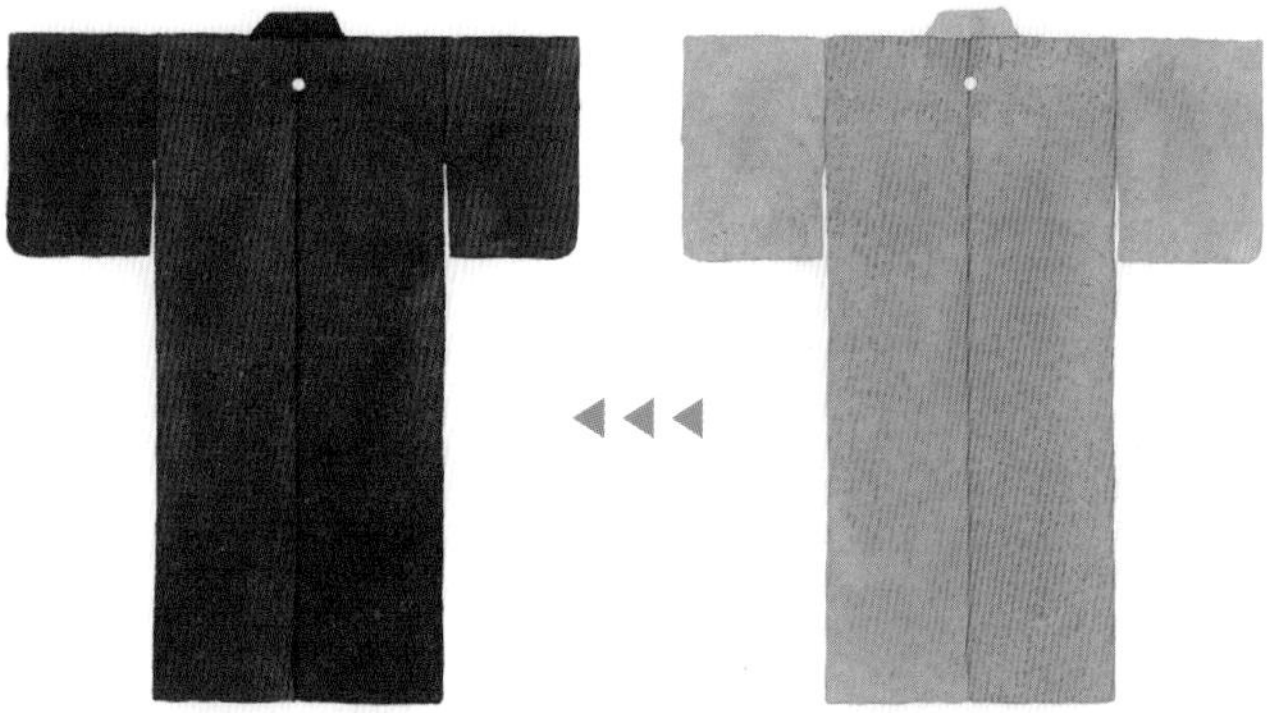

色無地の地色を替える

色無地は柄のない一色染めなので、地色は比較的自由に替えることができます。淡い色から濃い色へ替えるのが基本なので、将来的に染め替えをしたい場合は、最初は淡い色にしておくと便利。

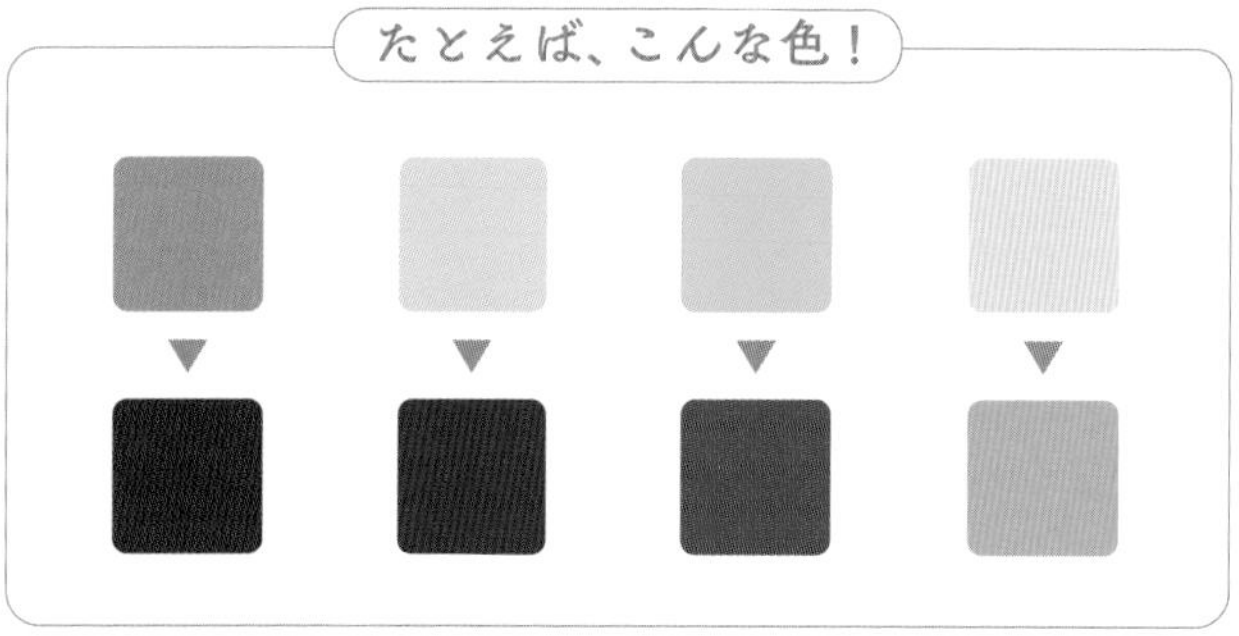

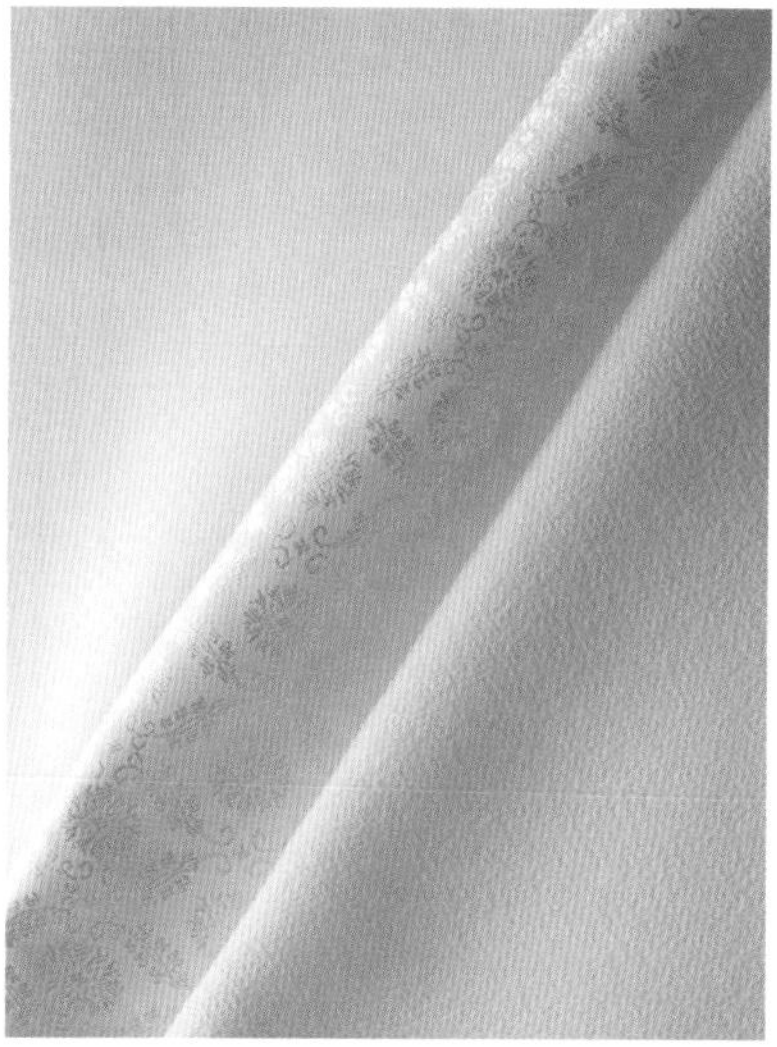

色留袖、訪問着、付け下げ、色無地、小紋などの着物は、白生地を染めて作られるので、染め替えしやすいというメリットがあります。

訪問着全体に色をかぶせる

訪問着のほか、付け下げや飛び柄小紋など、派手になってしまった色柄を、シックにしたいときにおすすめの方法。柄の上にも染料を重ねるので、全体の印象はかなり落ち着きます。

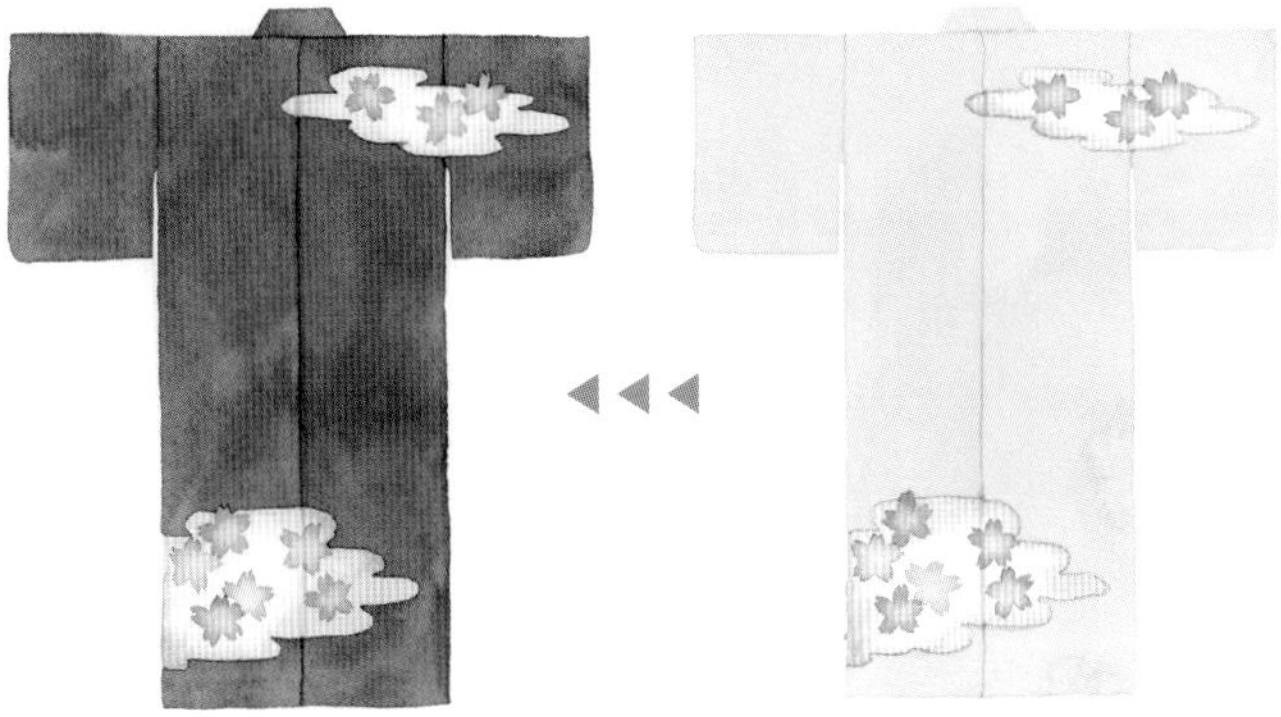

訪問着の地色だけを替える

部分的に柄のある訪問着や付け下げの場合、もとの柄を生かして地色だけを染め替えることもできます。柄の部分を糊で伏せて染料が染み込まないようにして染めます。全体に色をかぶせるよりは割高です。

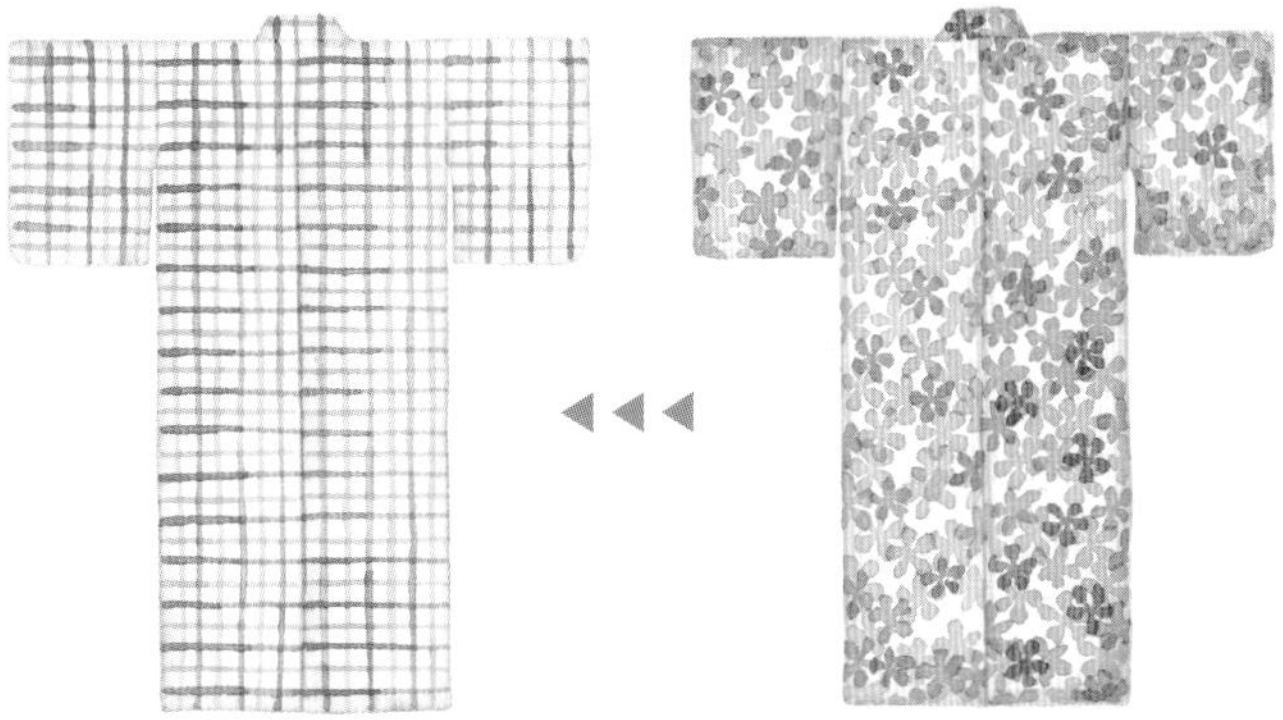

白生地に戻してから染め直す

もとの色を抜いて白生地に戻してから、新たに好みの色柄に染めます。小紋から色無地へ、色無地から訪問着へなど何でも。地紋入りの生地は、染め替えてもそのまま地紋は残ります。

Kimono column 6

着物と帯の寸法直し

大切な人から譲られた着物や帯、活用したくても、寸法が合わないとなかなか出番がありません。

思いきって寸法直しをしてみませんか?

着物の場合は、主に着丈と裄《ゆき》、帯は長さです。

短くしたり、長くしたりする程度なら、それほど費用はかかりません。

また、単衣などは自分で直してみるのもいいでしょう。

着物はもともと余分の布を縫い込んで仕立ててあるので、少しくらいなら調整できます。

裄出し

裄（背中心から袖口までの長さ）が短いときは、AとBの2つの方法があります。左右2センチ前後長くしたいなら、袖や肩の縫い込みを出します（A)。それ以上長くしたい場合は、左右の袖側に足し布をします（B)。この場合は表から見えるので、着物の柄との調和を考えて。

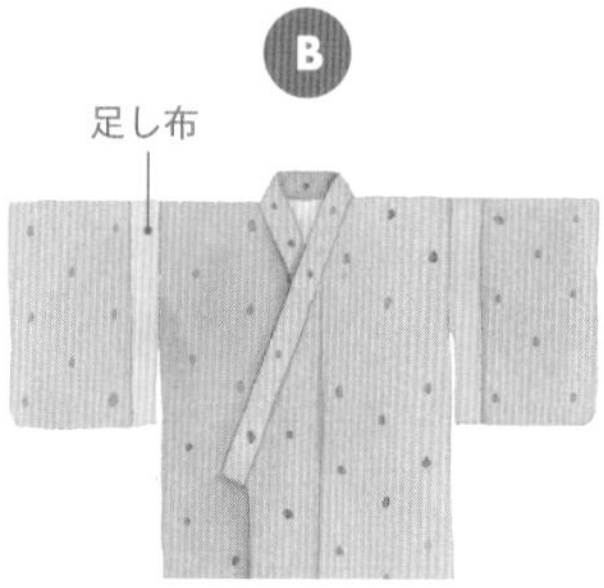

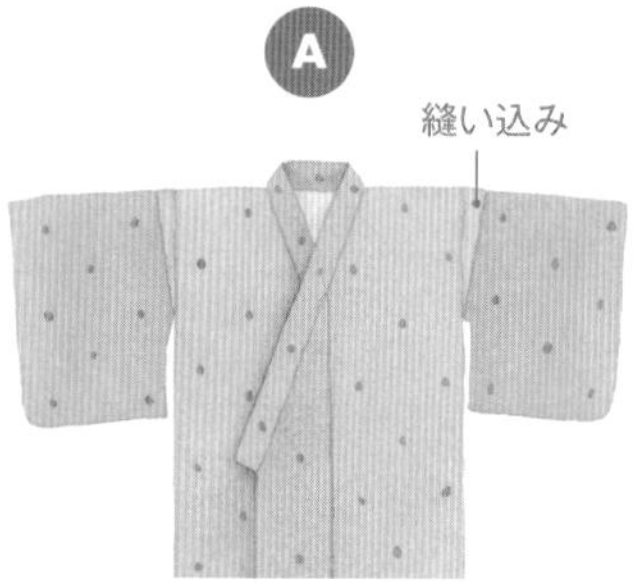

丈出し

身丈を長くしたいときは、おはしょりで隠れてしまう部分に足し布をします。衽《おくみ》は通常15センチほど縫い込みがあるので、その分を出します。

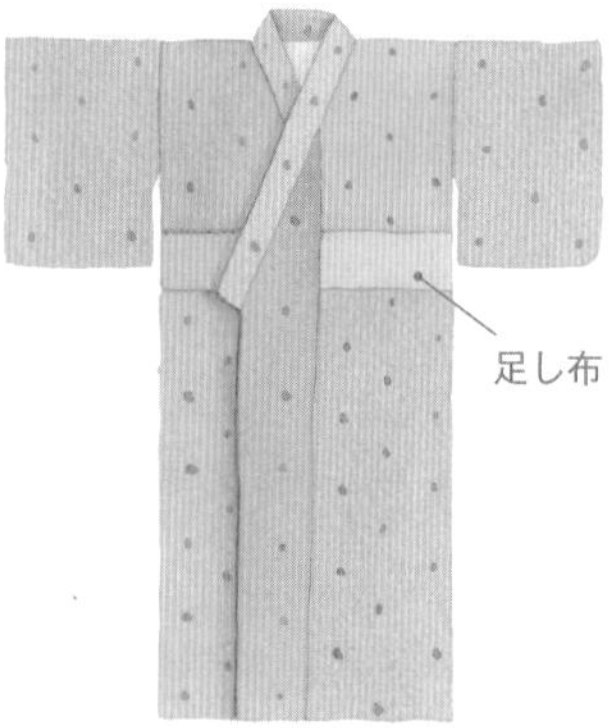

帯を長くする

帯が短いと思うようにお太鼓が作れず、名古屋帯の場合は、前帯の柄の位置がずれてしまいます。上は表から見えない部分に足し布をした例。下はて先に足し布をして、アクセントとしても楽しむアイディアです。

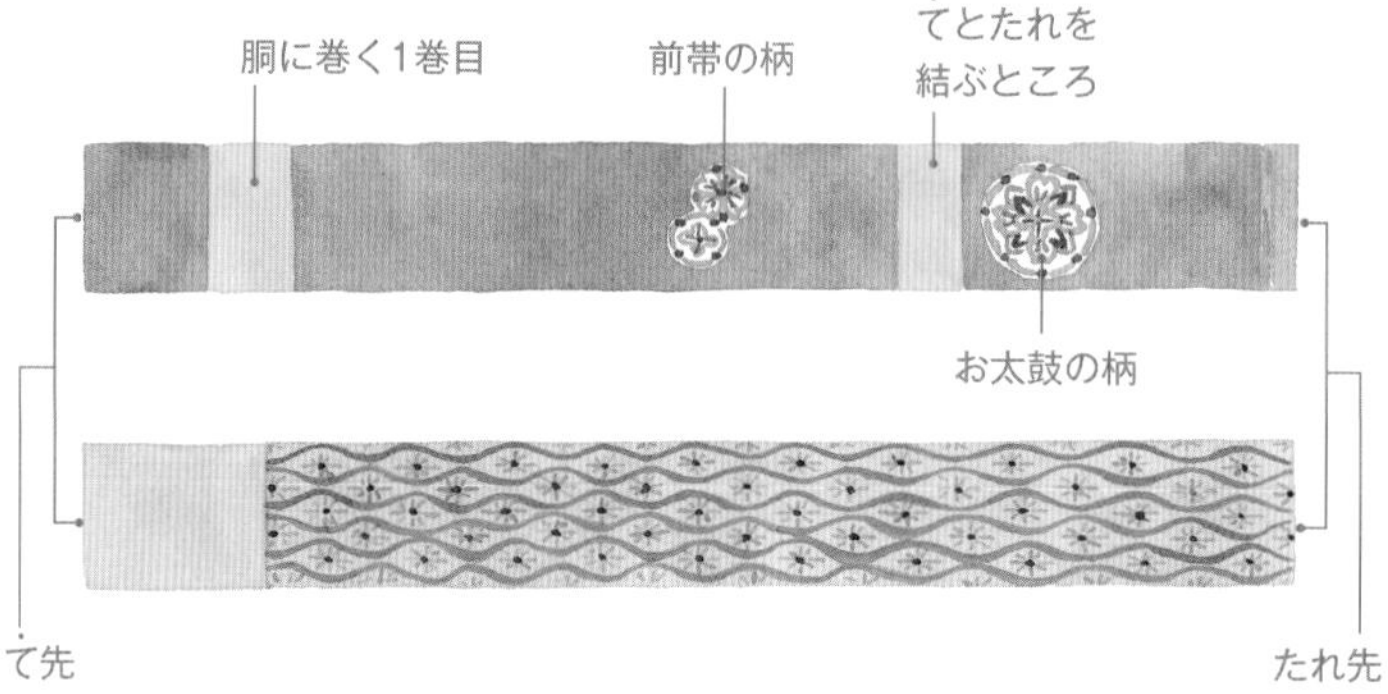

PART

4

季節と着物

春、夏、秋、冬と四季がはっきりしている日本では、
季節に合わせて身につけるものが変わる「衣《ころも》更《が》え」の習慣があります。
洋装中心の現代でも、6月1日と10月1日が衣更えのときとされています。
和装の世界では、この衣更えを目安に着物の仕立て方が変わり、
それに伴い素材も変化するため、
季節に合わせて着物を着分けることになります。
複雑なように思えますが、それも和装ならではの楽しみの一つです。

季節によって着物の仕立てが変わります

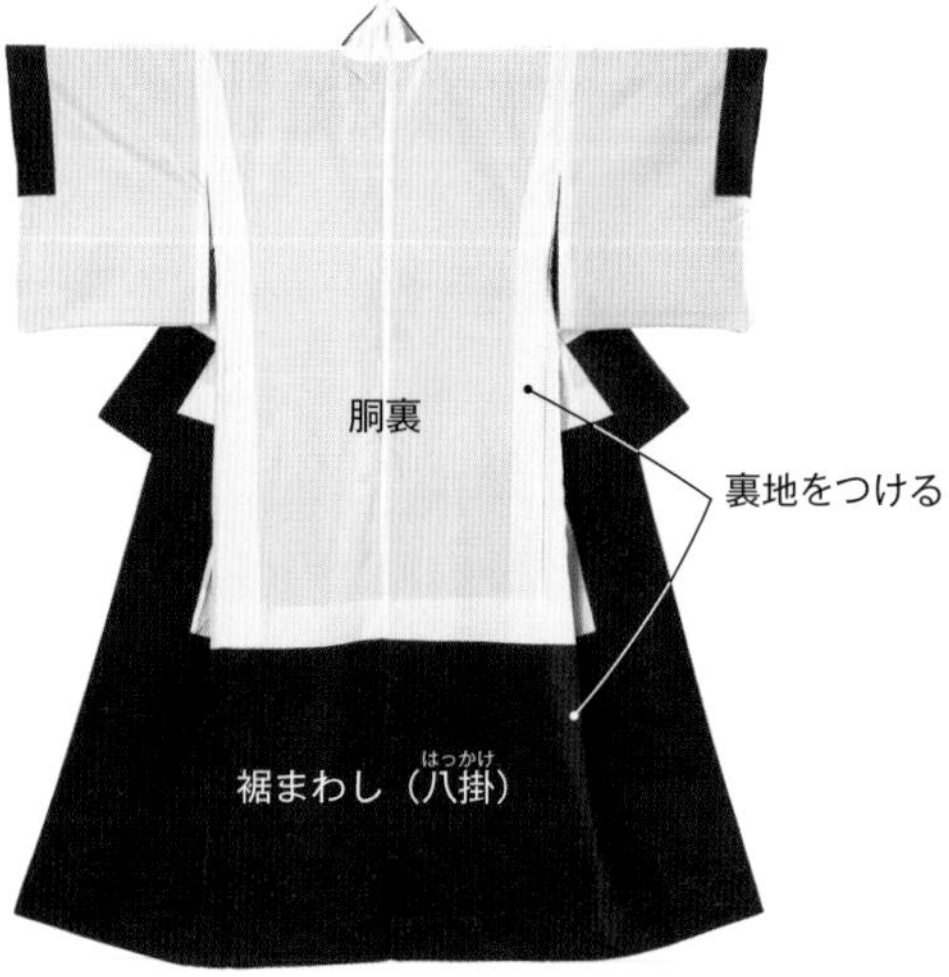

袷仕立て

10月から4、5月頃まで着用する袷の着物の裏側。藍色の部分が裾まわし、白い部分が胴裏。胴裏の素材は、現在は白い羽二重《はぶたえ》が基本ですが、昭和30（1955）年頃までは「紅絹《もみ》」が一般的でした。本来の紅絹は紅花《べにばな》染めで「体を温める」という紅花独特の漢方効果がありました。

着物の形はどれも同じですが、仕立て方の種類は大きく2タイプの方法があります。裏地（胴裏《どううら》と裾《すそ》まわし）をつけて仕立てた袷《あわせ》仕立てと、裏地をつけないで仕立てた単衣《ひとえ》仕立てです。一般的に10月から翌年の4、5月頃までは袷仕立てを、6月から9月頃までは単衣仕立てを着用します。

袷仕立て、単衣仕立てには、いくつかのバリエーションがあります。袷仕立てをアレンジした「胴単衣《どうひとえ》（胴裏抜き仕立て）」は、裾まわしはつけますが、胴裏を省略した仕立て方で、胴裏がない分軽やかです。さらに、簡略化して、袖口《そでぐち》、裾《すそ》、上前《うわまえ》の衽《おくみ》だけに裏地をつけた「人形《にんぎょう》仕立て」と呼ばれるものも。どちらも見た目は袷仕立てに見えるので、春に急に気温が上がったときや、まだ暑さの残っている秋口に

1月　2月　3月　4月　5月

裏地のある**袷**を着ます

単衣仕立て

6月頃から9月頃まで着用する単衣の着物は、裏地のない一枚仕立て。後ろ幅いっぱいについている白い布は「居《い》敷当《しきあ》て」といい、透け感のある着物に多く見られます。腰の部分の生地を保護する役目もあります。

活躍します。また、汗をかきやすい人や暑がりの人は、最初からこうした仕立て方にすることもできます。着物を誂《あつら》えて、仕立てをする際に、呉服店などに相談するとよいでしょう。

袷仕立てと単衣仕立てを着分ける時期は、住んでいる地域やその年の気候などによって、変わってきます。一年中暖かい沖縄地方では袷を着る必要はなく、逆に北海道では9月の初めから、あるいは5月になっても袷を着る場合があります。時期はあくまでも目安として、自分の肌に合った着方を選ぶようにします。

また、単衣仕立ての着物を着る目安は、6月から9月ですが、実際には単衣を着るのは、6月と9月だけです。ただし、こちらも着る時期は、地域や気候によって微妙に変化します。単衣の季節の中で、とくに暑い7月と8月の盛夏には、見た目にも涼しげな透け感のある絽《ろ》や紗《しゃ》、麻などの素材を身につけますが、和装の世界では、これを薄物《うすもの》と呼んでいます。

袷の着物の装い

薄紅色に花びらを散らした無地感覚の小紋《こもん》は、年末から春まで着用できます。縮緬地に桜文様を染めた名古屋帯《なごやおび》の組み合わせは、新春から桜が咲く前まで楽しみましょう。

春はフェミニン、秋はシック、冬は温もりをイメージ

　年間を通して、もっとも着用期間の長いものが、袷仕立ての着物です。春の袷の時季は、待ち遠しい季節がやっと訪れたという3月から始まります。新芽が吹いて、白や黄色、薄紅色の花が咲き始めます。空気がやわらかく感じられるようになり、フェミニンな優しい色が着たくなります。

　4月は肌寒く感じる日もありますが、桜が終わる頃には、ストールや羽《は》織《おり》を脱いで、帯をすっきりと出した装いが楽しみな季節です。淡い色の着物が主流になりますが、濃い地の着物の場合は、帯揚《おびあ》げや帯締《おびじ》めに明るい色を用いてバランスを取りましょう。5月までは袷の季節ですが、4月下旬からは気候に応じて、単衣を着るのが一般的になっています。

　夏が終わり、単衣の9月がすぎると、また袷の季節がやってきます。10月中旬くらいから裏地のついた着物が恋しくなるかもしれません。秋が深まるにつれて、袷の着物に重厚感のある帯を合わせ、暖かそうに見える装いをしましょう。

　暮れから新年にかけては、外出の機会が多くなります。暮れの集まりには光沢のある華やかなもの、新年は松竹《しょうちく》梅《ばい》の模様や友禅《ゆうぜん》の雅《みやび》なものがお洒落《しゃれ》です。コートや手袋、ショールなども着物の色に調和するものを。節分をすぎると、春の気配を感じるようになり、優しい色や明るい色が着たくなるのもこの時季。季節を先取りし、春の花をモチーフにしたものなどを少しずつ取り入れていきましょう。

胴裏と裾まわし(八掛)をつけて仕立てた袷の着物(結城紬《ゆうきつむぎ》)。

袷の素材

縮緬《ちりめん》

経糸《たていと》は撚《よ》りの少ない生糸《きいと》、緯糸《よこいと》は強撚糸《きょうねんし》で織り、精練すると撚りが戻ってしぼができます。

御召《おめし》

染めた糸を精練《せいれん》してから織るため、しゃきっとした風合いに。

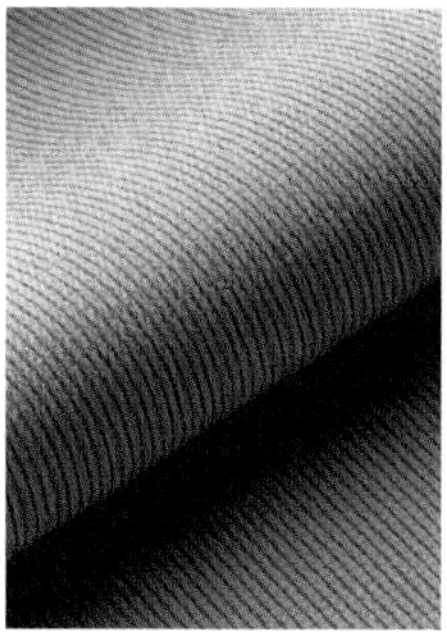

紬《つむぎ》

真綿《まわた》から引いた糸で織った平織《ひらお》りの絹織物。絹糸を用いたものも。

草木染めの糸で織った細縞《ほそじま》の結城紬は、しなやかな風合いと控えめな糸の光沢が、大人のお洒落心を感じさせます。帯や小物までもワントーンにまとめた洋服感覚の装いは、着物初心者にも違和感なく着ることができます。

帯で季節感を表現した秋の日のフォーマル。細縞の段模様《だんもよう》に刺繍した訪問着に、稲穂《いなほ》の束を織りだした袋帯の組み合わせ。稲穂が収穫を意味することから、会社の周年パーティなどに最適の装いです。

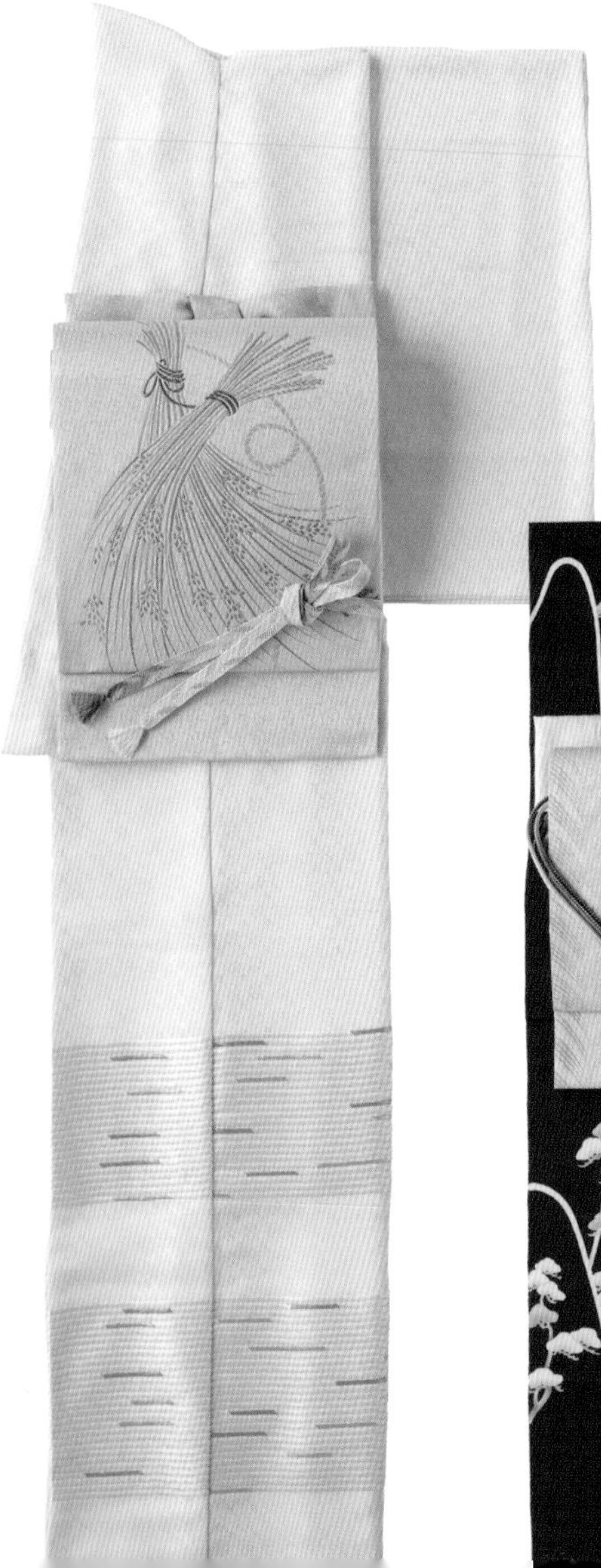

袷の着物

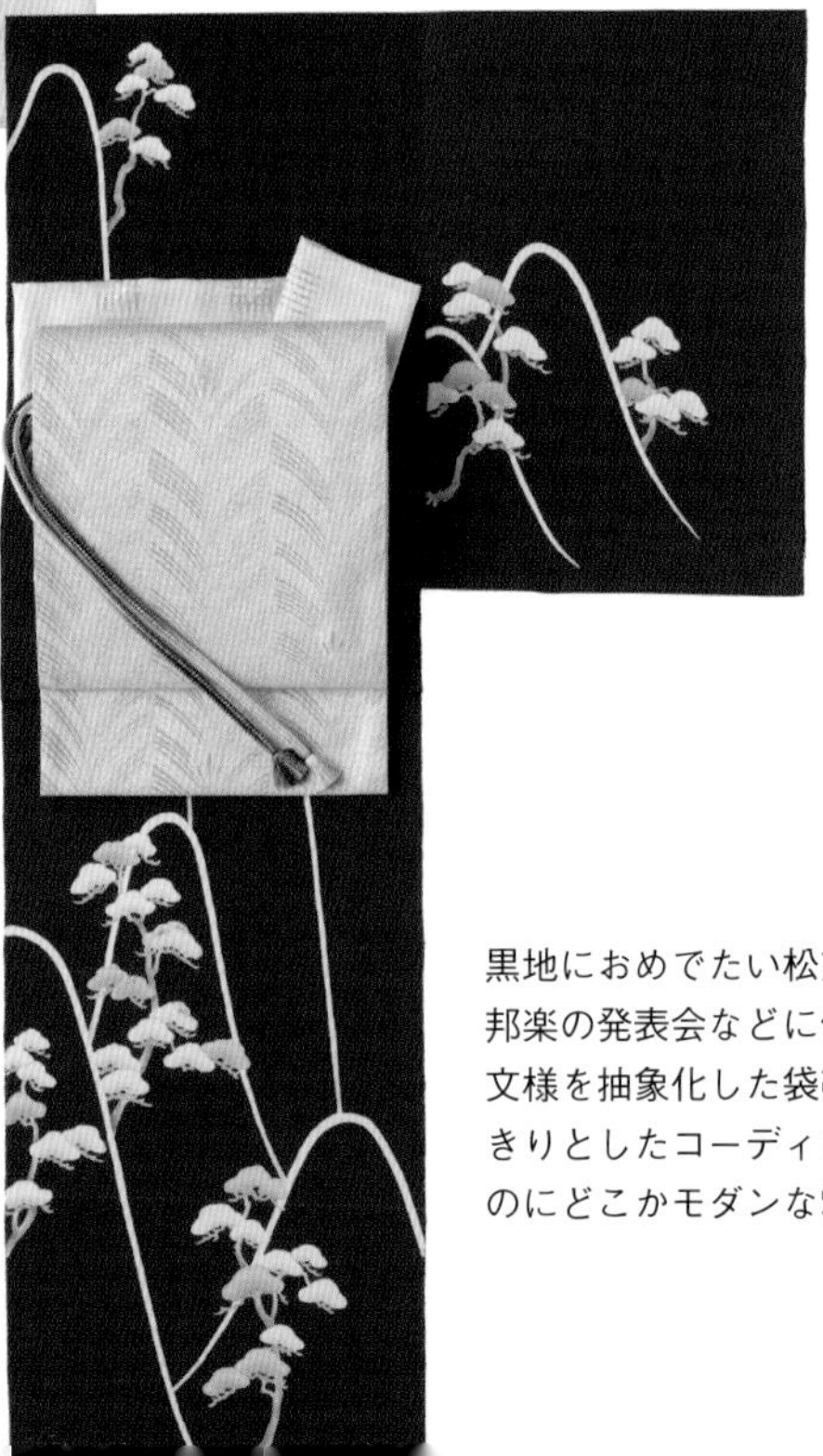

黒地におめでたい松文様の付《つ》け下《さ》げは、邦楽の発表会などに似合います。松葉文様を抽象化した袋帯を合わせたすっきりとしたコーディネートは、和風なのにどこかモダンな雰囲気が漂います。

濃い紫色の地の型染《かたぞ》め小紋は、業平格子《なりひらごうし》の上に乱菊《らんぎく》をあしらった大胆な構図。乱菊は手挿《てざ》しで彩色し、型染めのシャープさと手染めのやわらかさを併せ持った仕上がりになっています。葡萄《ぶどう》文様を織りだした綴《つづ》れの袋帯《ふくろおび》を合わせて格調高く。

単衣の着物の装い

白に水色を織り分けた爽やかな御召を単衣仕立てに。光沢のある素材と涼感のある色合いは、春単衣に最適の一枚。貝紫《かいむらさき》色《いろ》をポイントにした染め帯を合わせると、軽やかな春のお出かけ着に。トンボ玉の帯《おび》留《ど》めで、さらに涼しげに仕上げます。

初夏は淡い色合い、初秋は落ち着いた色調で

単衣の季節は、6月の初夏（春単衣）と9月の初秋（秋単衣）に分けて考えると、イメージしやすいでしょう。同じ単衣仕立ての着物を着用しますが、素材は同じでも色や模様で変化を楽しむことができます。

温暖化が進む近年、春単衣は4月下旬からに。この時期は気温が上がり、袷の着物では暑くなるため、裏地のない単衣仕立てを着始める人が多いようです。素材は御召、縮緬、紬、木綿などが主流です。帯は染めなら、塩瀬《しおぜ》、綸子《りんず》、縮緬、生絹《すずし》（生糸で織った平織り）など。織り帯は袷用でもかまいませんが、光沢のあるものや、生地の薄いものを選ぶと、軽やかな印象になります。

6月に入ると雨が多くなり、湿度も高くなります。かと思えば、梅雨寒の日もあり、気候が安定しません。そんな季節には、紬糸を使用しない織りの着物（黄八丈《きはちじょう》、大島紬《おおしまつむぎ》、御召）がおすすめ。下旬になったら、夏紬や絽縮緬《ろちりめん》、麻縮《あさちぢみ》などのあまり透けないものを選びます。

秋単衣は9月の初旬から。まだ残暑の厳しい季節ですが、夏とは明らかに異なる空の色です。初秋に着る着物は基本的には初夏と同じ素材でよいのですが、少し秋を意識した色合いを選ぶようにします。

9月9日の重陽《ちょうよう》の節句《せっく》までは薄物を着てもよいといわれますが、実際には白っぽい上布《じょうふ》などはどこか侘《わび》しさを誘います。帯は染め帯なら、秋草模様などがよく映え、織りなら科布《しなぬの》、紙布《しふ》、藤布《ふじぬの》などの自然素材も合います。

透けない単衣仕立ての結城《ゆうき》縮《ちぢみ》。涼しげな生成り地は、初夏に着ると爽やか。

単衣の素材

木綿《もめん》

単衣仕立てにすることが多い木綿は、丈夫でしなやか。薄手なのに綿のほっこり感もあります。

夏紬《なつつむぎ》

強撚糸を使うなど糸の工夫で単衣用に織られたさらりとした紬。透けにくいので、一枚あると便利。

薄手縮緬《うすでちりめん》

しぼの小さい一越縮緬《ひとこしちりめん》のようなタイプ。細い糸で織られたうっすら透け感のあるものも涼しげ。

単衣の着物

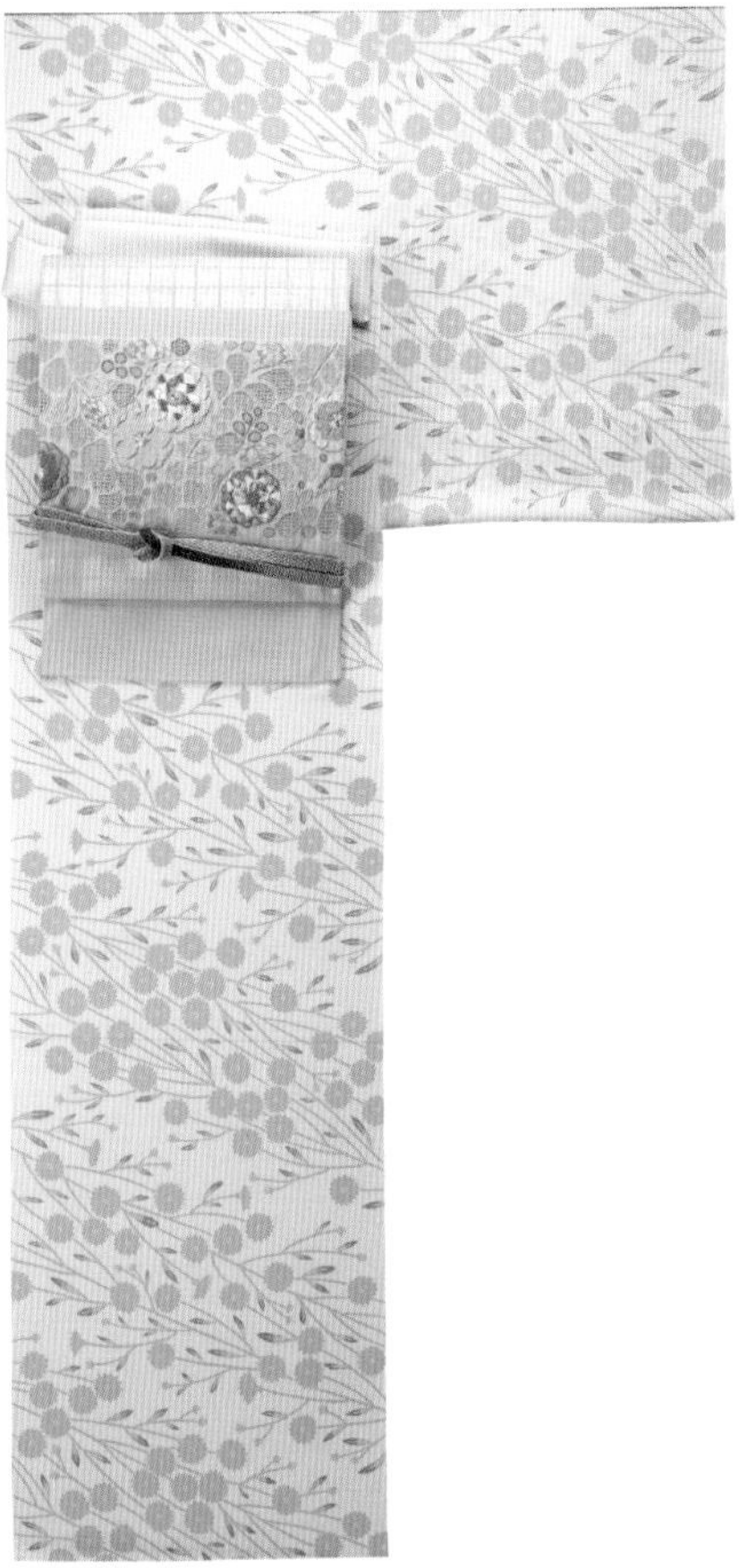

ワンピース感覚で楽しみたい爽やかな小紋は、菊柄をデフォルメして、横段に配した柄ゆきが新鮮。黄色地に格子と花柄の刺繍を施した快活な雰囲気の帯で、気軽な集まりに。

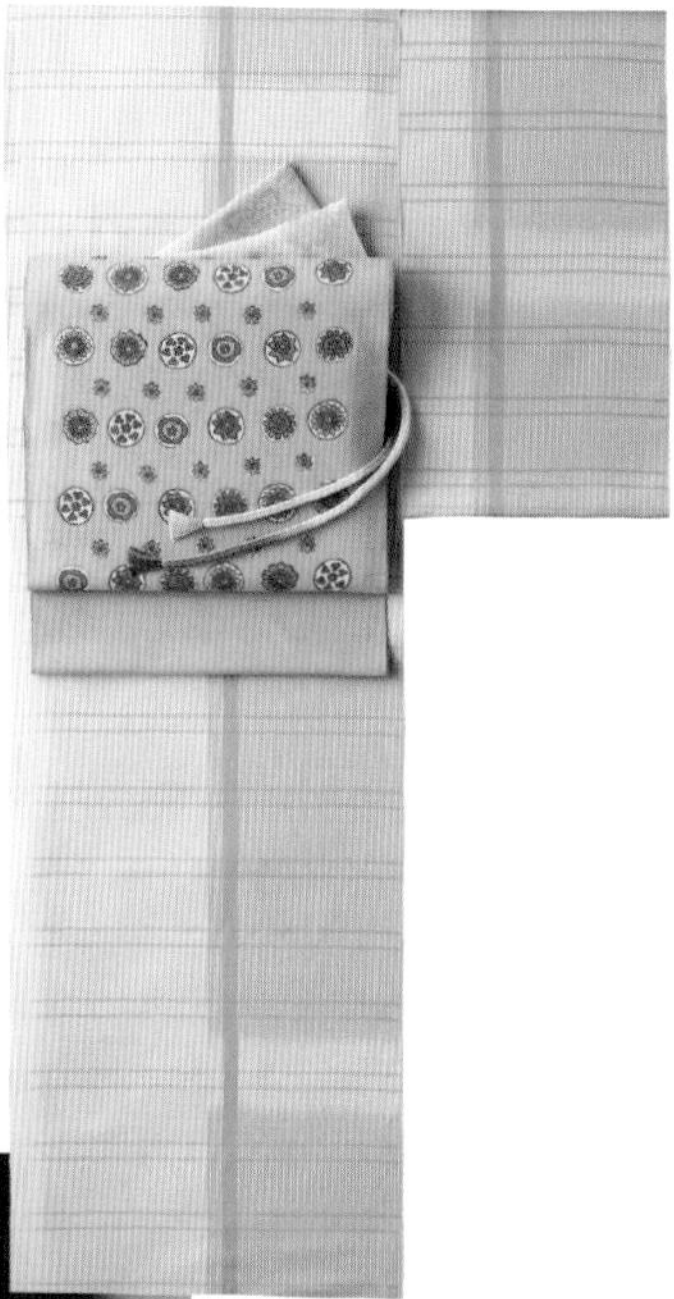

菜の花と桜が溶け合うような色合いの御召の着物。更《さら》紗《さ》模様をリズミカルに染めた帯で、大人の愛らしさを演出。お稽古着や街着に。

右・落ち着いたグリーン地に、芒《すすき》と蝶をあしらった控えめな付け下げ。菊花《きっか》笹蔓《ささづる》文様の唐《から》織《おり》袋帯で、初夏のパーティに。
左・上質な木綿素材の薩摩《さつま》絣《がすり》の着物に、沖縄のミンサー織りの八寸名古屋帯を合わせたカジュアルな装い。

淡い茶系の着物は変わり縮緬の単衣仕立て。涼しげな笹模様を染めた控えめな訪問着に、抽象柄の夏袋帯の組み合わせは、初夏のお呼ばれに重宝します。全体に淡い色でまとめた上品なコーディネートです。

薄物の着物の装い

苧麻《ちょま》を紡《つむ》いだ糸で織ったからむし織りの着物は、細かな絣模様が織りだされ、盛夏におすすめ。軽やかで透け感があり、着物全体から風が通り抜けていきます。藍色《あいいろ》に染めた糸で、ざっくりと織った帯を合わせると、上質な夏のお出かけ着に。

7月と8月は透け感のある薄い素材を涼しげに

裏地のない単衣仕立ての着物の中でも、もっとも暑い7月、8月に着る着物を薄物といいます。素材は、絽、紗、羅《ら》、麻、上布などが代表的です。

関東地方の梅雨明けは、毎年7月中旬頃ですが、麻や上布を着るのはその頃からで、それまでは紗《しゃ》紬《つむぎ》や夏紬などを着て体温調整をする人が多いようです。合わせる帯は、麻や生絹、絽綴、櫛《くし》織などのような少し目の粗い生地が風通しもよく爽快です。

梅雨が明けると、いよいよ盛夏の素材の出番です。梅雨明けとともに一気に真夏日ということもありますが、そんな日は透け感のある絽や紗、上布などを選んで涼しげに装います。帯は芯を入れずに仕立てた羅や紗、絽綴が中心になります。麻や上布には、麻帯や自然素材の帯も調和します。8月も後半になり、朝夕涼しい風が吹き始めたら、上布は避けて、竪《たて》絽《ろ》のような透け感のあまりないものを選ぶようにしましょう。秋が近づいてきている様子を、着物で表現できたら素敵です。

藍《あい》地《じ》に白い線で幾何学模様を染めた絽の着物。小紋のように見えますが、付け下げの柄つけになっています。帯は波模様を織りだした白地の絽綴で、すっきりとしたコーディネートに。

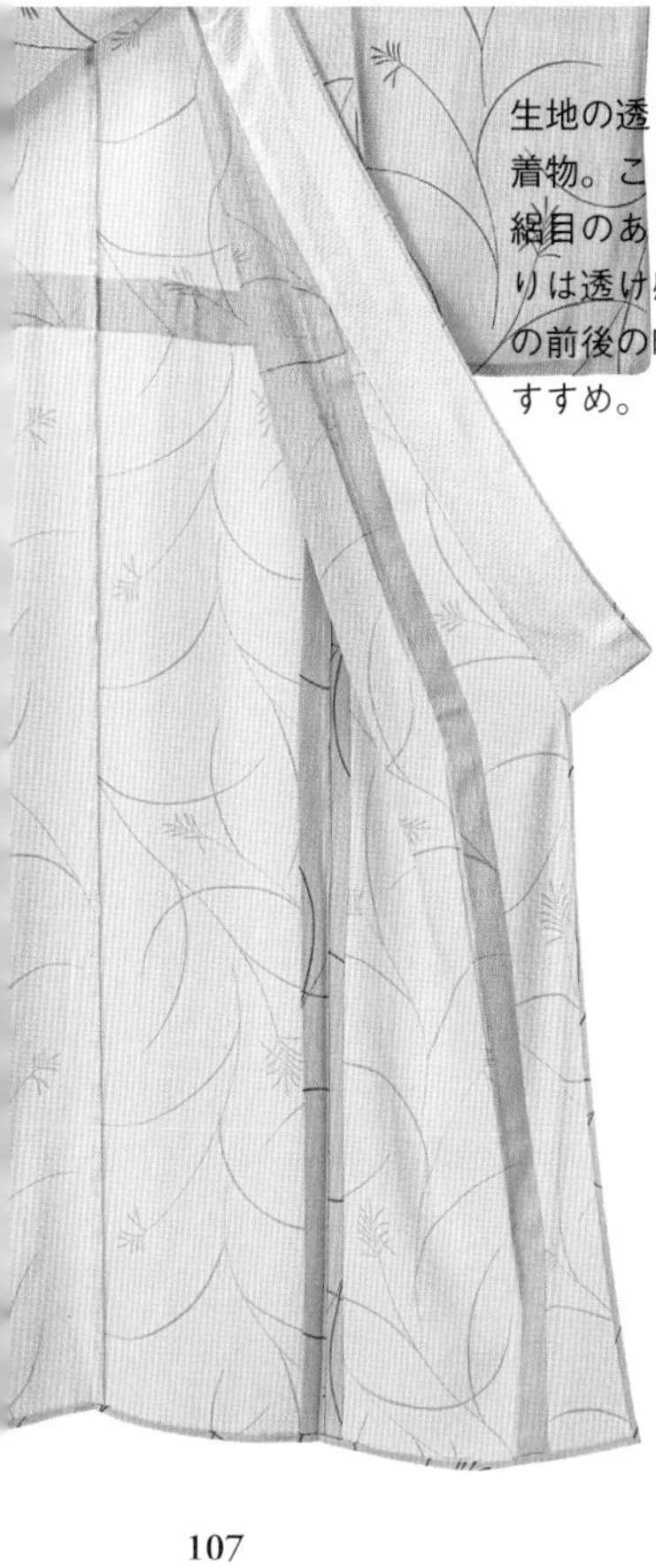

生地の透け感が軽やかな盛夏の着物。こちらは絽の中でも縦に絽目のある竪絽の小紋。横絽よりは透け感は少ないため、横絽の前後の時期に着用するのがおすすめ。

薄物の素材

上《じょう》布《ふ》（麻《あさ》）

麻は麻糸で織ったもの、上布は高品質の麻の着物地のこと。どちらも夏の和装には欠かせません。

紗《しゃ》

こちらも搦み織りの一種。金糸を織り込んだ、フォーマル用の豪華な金紗も作られています。

絽《ろ》

絽《ろ》目《め》という隙間のある搦《から》み織りの織物で、盛夏素材に欠かせません。横絽と竪絽があります。

季節の文様

着物や帯には、四季折々のさまざまな文様があしらわれています。それらを上手に取り入れて、季節感を楽しんでみましょう。

立雛《たちびな》

平安時代から続く流し雛に用いられるのは、立った姿の紙製の立雛です。江戸時代に雛祭りが盛んになり、この頃から立雛が文様化されました。

蒲公英《たんぽぽ》

キク科の多年草で、黄色い可憐な花が印象的。この帯のように単独で描かれたものは春向きですが、ほかの時期の植物との組み合わせは季節を問いません。

デイジー

可憐な花びらが小菊を思わせるデイジー。写実的に描くだけでなく、デフォルメして簡潔に表現することでモダンな印象になります。写真は帯地。

百合《ゆり》と牡丹《ぼたん》

古くから文様に用いられた高貴な百合と、中国から奈良時代に伝わった華やかな牡丹。百合は春から夏にかけて、牡丹は春のほか通年使えます。

藤《ふじ》

古くから日本に自生する蔓《つる》性の植物。房状の花が稲穂に似ていることから、豊作を願う花として珍重されました。平安後期、有職《ゆうそく》文様の一つに。

桜《さくら》

この染め帯のように写実的に描かれた桜は、初春から桜が咲く前まで。文様化されたものは季節を問わず使えます。花筏《はないかだ》や桜《おう》楓《ふう》などの組み合わせも。

ラベンダー

初夏に咲くラベンダーは、季節を先取りし春の文様として使うのがお洒落。伝統文様ではありませんが、今にふさわしい季節を感じるモチーフの一つ。

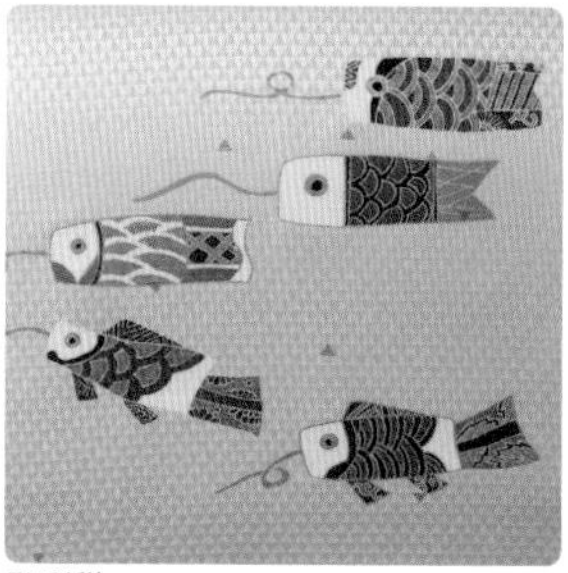

鯉幟《こいのぼり》

健やかな男児の成長を願う、端午の節句に欠かせない鯉のぼりの文様。カジュアルな染め帯に描かれた、手作り感のある紙製の楽しげな鯉のぼり。

菖蒲《しょうぶ》

古くはあやめと呼ばれた菖蒲は、文様としては花や茎、葉が用いられます。単独で描かれたものは季節感を重視し、流水とセットの場合は春以外にも使えます。

春

夏

星《ほし》

星座をモチーフにした文様は、カジュアルな夏帯などに多く見られます。平安時代、陰陽道《おんみょうどう》が人気で星の文様化が進み、七曜文や九曜文などが登場。

紫陽花《あじさい》

『万葉集』にも登場する紫陽花、文様としては江戸時代からで、琳派の作家たちによって、工芸品にも多く描かれました。単独で描かれたものは夏向きです。

麻《あさ》の葉《は》

麻が丈夫ですくすくと育つことから、麻の葉は子どもの産着や下着に用いられてきました。麻は夏に向かって成長しますが、素材によっては通年使えます。

茶屋辻《ちゃやつじ》

江戸時代に生まれた風景文様の一つで、上級武家の女性の夏の正装。麻地に水辺の風景や橋、家屋、樹木、草花などのモチーフが表現されています。

魚文《うおもん》

たくさんの卵を産む魚は、子孫繁栄の吉祥文。単独のほか、2匹の魚を向かい合わせにした双《そう》魚《ぎょ》文も。季節を問いませんが、主流は夏用の着物や帯に。

向日葵《ひまわり》

キク科の一年草で、夏の季語にもなっているほど、夏の花の代表。夏用の着物や帯に多く描かれ、大胆でおおらかな黄色い花は、元気を与えてくれます。

秋草《あきくさ》

秋の七草は、桔梗《ききょう》、萩《はぎ》、女郎花《おみなえし》、撫子《なでしこ》、葛《くず》、芒、藤袴《ふじばかま》。これに竜《りん》胆《どう》や菊など、秋の野原に咲く草花を組み合わせたものを秋草文様といいます。夏の着物や帯に。

昆虫《こんちゅう》

古くから日本人は、鈴虫の鳴き声に秋の訪れを感じてきました。秋草や虫籠《むしかご》とともに描かれた蟋《こお》蟀《ろぎ》は、夏用の着物や帯に涼感と趣を添えてくれます。

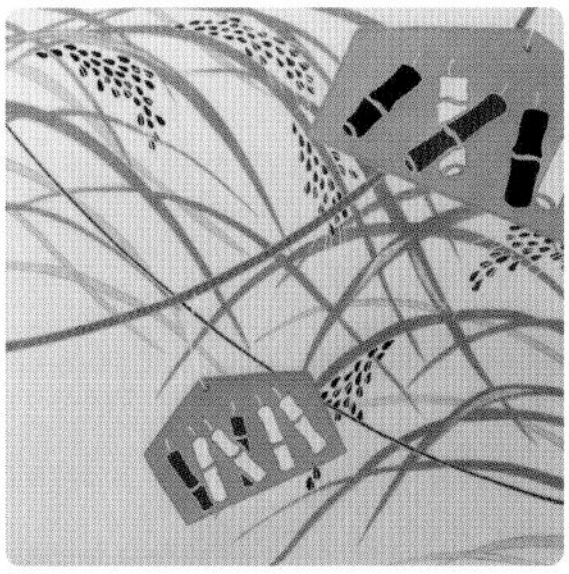

稲《いね》

梅雨から夏に向かってぐんぐん伸びる稲。文様には、刈り取る前の稲穂の姿（夏）や刈り取った稲を束ねた「稲束」など、秋の実りを祝う貴重なモチーフ。

粟《あわ》

五穀の一つに数えられるイネ科の植物。細い葉と長い花穂が目印。たわわに実り、首を垂れた粟に雀が集う、初秋の情景を繊細なタッチで描いた染め帯。

竜胆《りんどう》

秋の七草の一つに数えられる竜胆は、初秋の野山に釣鐘形《つりがねがた》の花を咲かせます。すっと伸びた姿が独特で、基本の青や水色、紫などの寒色が美しい花です。

萩《はぎ》

月に照らされた萩の情景を表現した帯で、葉には金彩が。萩は夏の終わりに薄紅色や白の可憐な花をつけ、文様には花、葉、枝を図案化したものが主流。

月《つき》と兎《うさぎ》

月に棲《す》む兎の伝説とともに、中国から伝えられた文様。中国では蝦蟇《がま》も棲んでいるとされましたが、日本では月と兎のセットに。小紋や染め帯の文様として人気。

葡萄《ぶどう》

葉に色を加えず、瑠璃色《るりいろ》と紫色で葡萄の実を印象的に演出した黒地の帯。単独で写実的に描かれたものは、秋ならではのモチーフ。観劇や音楽会などに。

コスモス

秋に咲き花の形が桜に似ているので、秋桜ともいわれます。6月に咲く早咲きもありますが、季語では秋。この帯地は花弁を色濃く強調してシックな印象に。

栗《くり》

秋の味覚の代表である栗は、秋の深まる頃に。染め帯の文様の定番で、こちらは糸目《いとめ》友禅《ゆうぜん》の繊細な筆致で、栗のいがの表情まで描き込んだ写実的な図案。

菊《きく》

長寿を象徴する菊が文様として使われるようになったのは江戸時代。菊の花や葉を写実的にデザインしたものから、菱形や丸と組み合わせたものまで。

紅葉《もみじ》

青いときの楓《かえで》は初夏の柄で、色づいて紅葉になると秋の文様に。着物、帯、小物などあらゆるものに用いられますが、葉を図案化したものは通年使用可。

冬

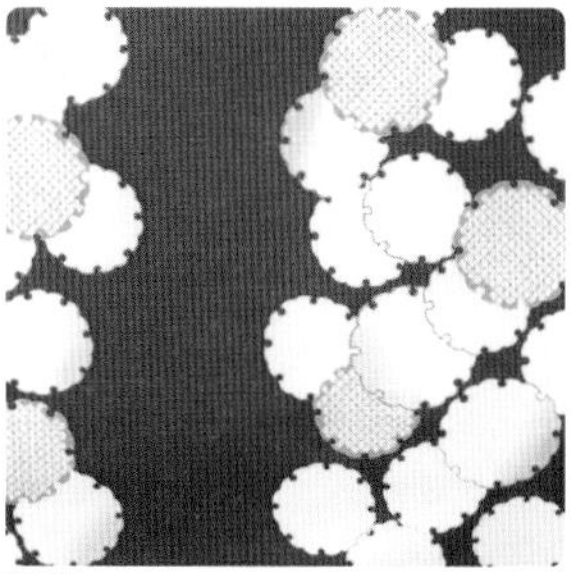

雪輪《ゆきわ》

雪の結晶を7弁の丸い花のように表した文様。7つのくぼみの中に季節の草花や幾何学模様を詰めたものも。写真は部分的に摺《す》り疋田《びった》が施されています。

鶴《つる》

長寿の象徴として中国から伝わった鶴。こちらは鹿《か》の子《こ》絞《しぼ》りの生地に、鶴をお太鼓の中心に置いたユニークな構図の帯地。亀と松竹梅を配して吉祥文様に。

クリスマス

深いグリーンに赤い雪の結晶でトナカイを象《かたど》ったお洒落な帯。クリスマス柄は、街にクリスマスの飾り付けがされるようになったら、身につけたいモチーフ。

水仙《すいせん》

可憐な花をつける水仙は、吉兆を意味することから瑞花《ずいか》として新春用の花に。文様としては江戸時代から始まり、写実的なもののほか、図案化されたものも。

羽子板《はごいた》

正月の女子の遊びである羽子板は、羽根やおめでたい松竹梅の組み合わせで、正月向けの着物や帯のモチーフに見られます。新春の街着としても最適です。

宝《たから》 尽《づ》くし

宝物を散らした文様。室町時代に中国から伝わり、日本風にアレンジされました。打出《うちで》の小槌《こづち》、隠《かく》れ蓑《みの》、隠れ笠、金嚢《きんのう》などに松竹梅の組み合わせは、通年でも。

松 竹梅《しょうちくばい》

中国から伝わった吉祥文様の代表で、祝儀には欠かせない文様の一つ。厳寒でも瑞々しい松、まっすぐ伸びる竹、早春に花を咲かせる梅の組み合わせ。

雪花《せっか》

雪の結晶の形を花のように表現したもので、冬だけでなく通年使えます。江戸時代後期に雪の結晶が観察され、多くの結晶文様が誕生しました。

雪持《ゆきも》ち梅《うめ》

縁起のいい花として親しまれてきた梅。その枝に降り積もった雪を表現した風流な文様。ほかに、雪持ち笹、雪持ち柳、雪持ち椿などもあります。

着物の収納

着物や帯を収納しておく際に、注意したいのは、
湿気を取り除くこと、虫を寄せつけないこと、直射日光や蛍光灯にあてないこと、
ガスを発生するものと一緒にしないことの4つです。
その中でも、湿気は大敵。
湿気によるしみやカビから大切な着物や帯を守るためにできることをしましょう。

check!

たんすの中

着物の収納には、湿気を通しにくい桐たんすがよいとされてきました。桐は軽くてやわらかく収縮率が小さいので、精密な細工をすることが可能。そのため機密性が高められ、湿気や虫を寄せつけにくいのですが、入れっぱなしはNGです。晴れた日に引き出しを開けたり、湿気がひどいときは扇風機で風を送るようにします。

check!

部屋の湿度

着物を置いている部屋に湿度計を設置。湿度が60%を超えたら、しみやカビが発生しやすくなります。

たんすの引き出し1つに対して、2袋を目安に乾燥剤を入れ、定期的に交換を。防虫剤と乾燥剤を兼ねたタイプもあります。

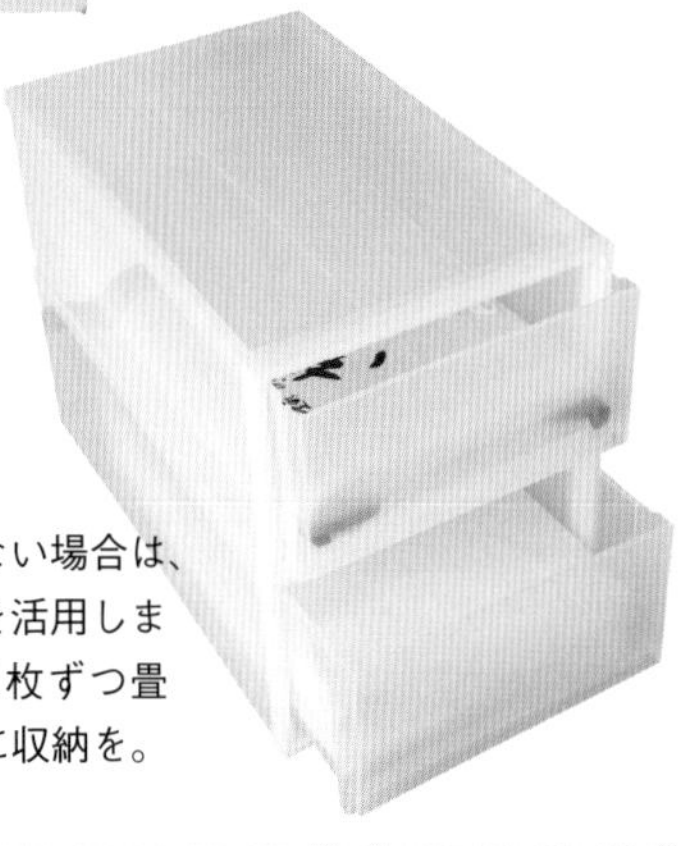

桐たんすを使わない場合は、衣装ケースなどを活用します。着物と帯は1枚ずつ畳紙に入れ、別々に収納を。

check!

畳紙《たとう》

黄色いしみが出ている古い畳紙は、今すぐ処分を。湿気を吸収して吐き出す性質のある和紙100%の畳紙は、高価ですが長持ちします。手で触ってざらつくのは和紙です。

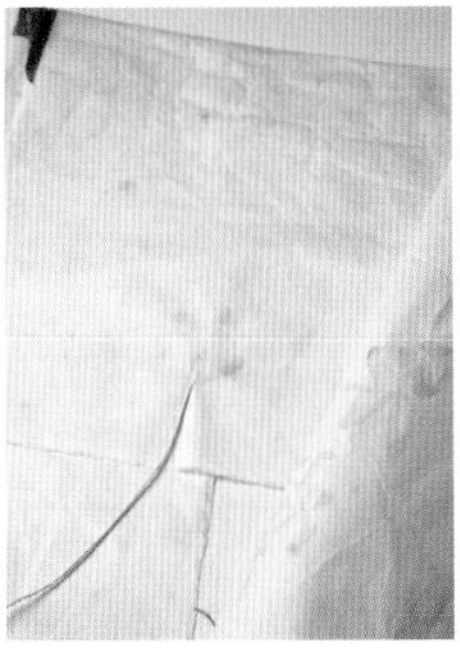

PART
5

和装小物のお洒落

実際に着物を着るときには、着物と帯だけではなく、
肌着や着付け紐、帯結びを仕上げるための小物などが必要です。
表から見えないものはすべての着物に共通して使えるので、
最初に上質でシンプルなものを揃えておくと安心です。
帯揚げや帯締めは、着物や帯の格、色柄などに合わせますが、
小さな品々とはいえ、どんなものを合わせるかによって、
着物姿がぐっと素敵になるので、慎重に選びましょう。

和装小物1

半衿【はんえり】

すべての着物に使えるのは白。刺《し》繍《しゅう》や色半衿はTPOで使い分けを

着物の着付けで、もっとも目につくのが、衿もとです。着物の下には長襦《ながじゅ》袢《ばん》を着ますが、その衿に縫い付けたものを半衿といいます。半衿は着物の衿に肌の皮脂汚れがつかないようにするだけでなく、お洒落《しゃれ》にも一役買っています。着物と肌の間にあるので、着物の色柄をより強調することができ、肌の色を美しく見せる効果もあります。

半衿にはさまざまな種類がありますが、大きく分けると、白と色半衿の2タイプ。かつて、白はよそゆき用、色ものはふだん用とされましたが、現代は白が基本になり、すべての着物に使用することができます。ただし、着物の素材に合わせて半衿の素材も変わるため、季節に合わせて使い分けます。裏地のついた袷《あわせ》用の半衿には、塩瀬《しおぜ》、

着物の仕立てや素材が変わると、それに合わせて半衿も変えます。夏着物でも、写真の麻の半衿は織りの着物用に。絽や紗の染めの着物には、白い絽の半衿が定番です。

定番の塩瀬素材の白い半衿。袷仕立ての着物なら、あらゆるものに対応可能。まずは、この半衿から始めましょう。

縮緬《ちりめん》、綸子《りんず》、紋意匠《もんいしょう》などがあります。裏地をつけない単衣《ひとえ》用には、絽《ろ》の着物には絽の半衿、紗《しゃ》の着物には紗または絽、絽縮緬の着物には絽縮緬の半衿、織りの着物には麻の半衿を用いると、衿もとがいきいきとしてきます。

白以外にも色無地《いろむじ》や小紋《こもん》柄、刺繍、絞《しぼ》りなどの半衿があります。礼装用の留袖《とめそで》や訪問着《ほうもんぎ》には、白地に白糸や金糸銀糸で格調高い文様を刺繍したもの、振袖《ふりそで》には豪華な刺繍半衿を。小紋や紬には色柄ものなども楽しいでしょう。

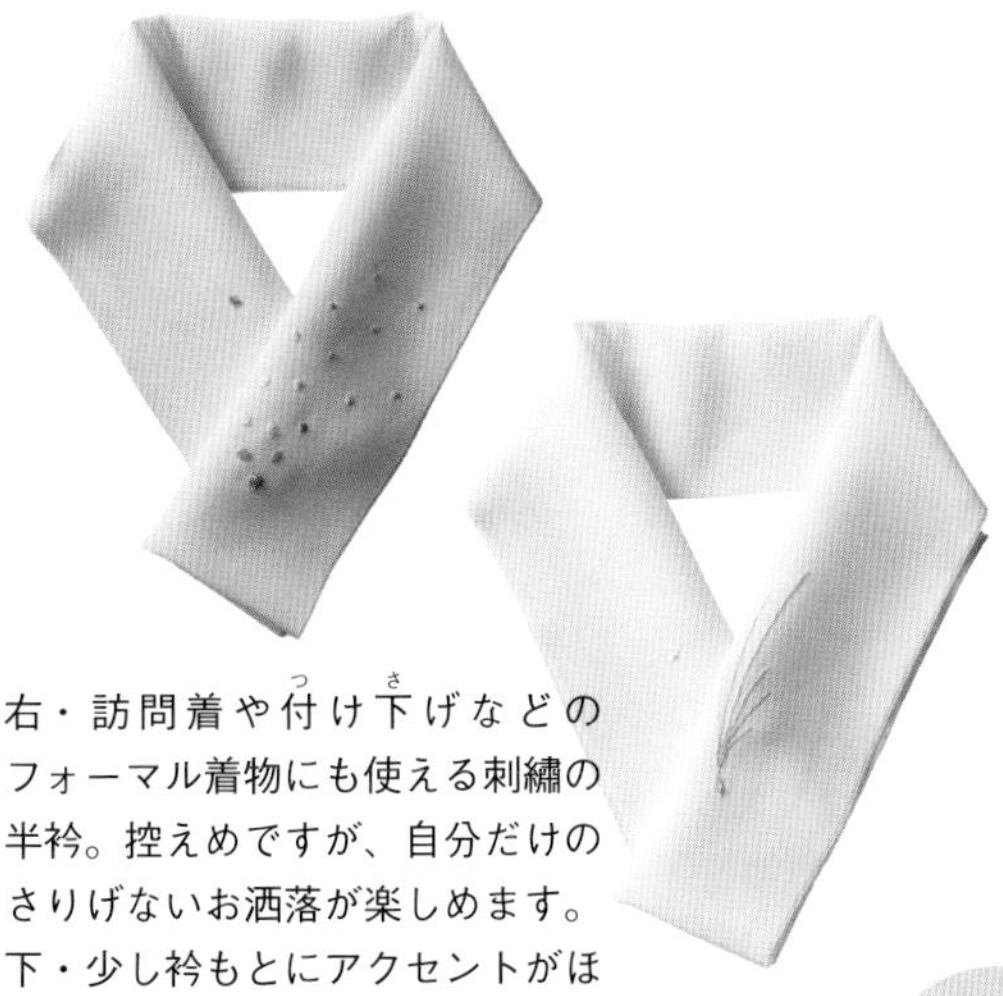

右・訪問着や付《つ》け下《さ》げなどのフォーマル着物にも使える刺繍の半衿。控えめですが、自分だけのさりげないお洒落が楽しめます。
下・少し衿もとにアクセントがほしいときは、白地に白糸や金糸銀糸で刺繍を施したものを。

こんな半衿もお洒落

カジュアルな小紋には、着物と調和する色柄の半衿で楽しさを。とくに寒い時季には、温かみのある色を加えて。

紋付きの色無地を結婚式などに着る場合は、白地に豪華な刺繍入りで華やかに。地色がシックな着物におすすめ。

◎伊達衿《だてえり》（重ね衿）

着物の地色や小物の色と調和するものを

着物を2枚重ねたように見せる別衿を、伊達衿や重ね衿といいます。あらかじめ着物の衿につけておいて、着物を着るときに、半衿と一緒に重ねて用います。好みですが、振袖、訪問着、色無地、付け下げなどの礼装用で、衿もとに華やかさとボリュームを出すことができます。

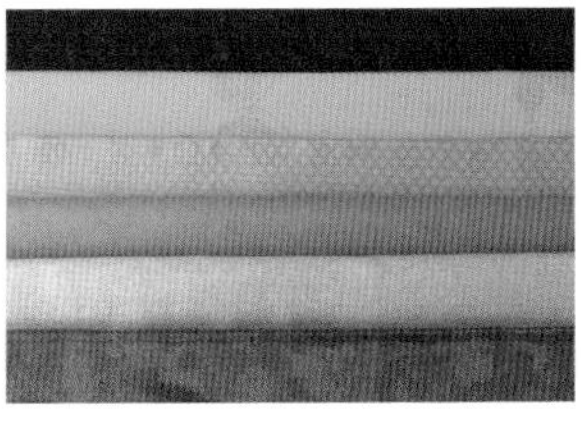

礼装用の着物には無地の伊達衿を。わずか数ミリしか見えませんが、その色によって衿もとが華やぎます。

和装小物2

帯揚げ【おびあげ】

絞り、綸子、縮緬などの素材を着物の格に合わせて選ぶ

帯揚げは帯の形（お太鼓）を美しく整えるための小物です。お太鼓の内側の帯枕を包んでお太鼓の山を整えたら、前に回して、着物と帯の間にふんわりと結び、余った部分を処理して仕上げます。表から見えるので、機能性と装飾性を兼ね備えた小物といえます。素材や色は豊富なので、選ぶのに迷うほどですが、基本は着物の格に合わせることを覚えておきましょう。

第一礼装の黒留袖には、白い帯揚げが決まりです。正式な白の綸子のほか、白の総絞り、白地に金銀箔《はく》を用いたものなどがあります。色留袖も同格ですが、五つ紋付き以外のもの、比翼《ひよく》のないものは、白に限らず、淡い色や刺繍入りも使えます。成人式などの振袖には、華やかな色の総絞りでボ

フォーマル

黒留袖や色留袖などにふさわしい礼装用の帯揚げ。白の総絞りや紋意匠縮緬のほか、無地の縮緬や綸子地に、金糸銀糸の刺繍入りも華やか。

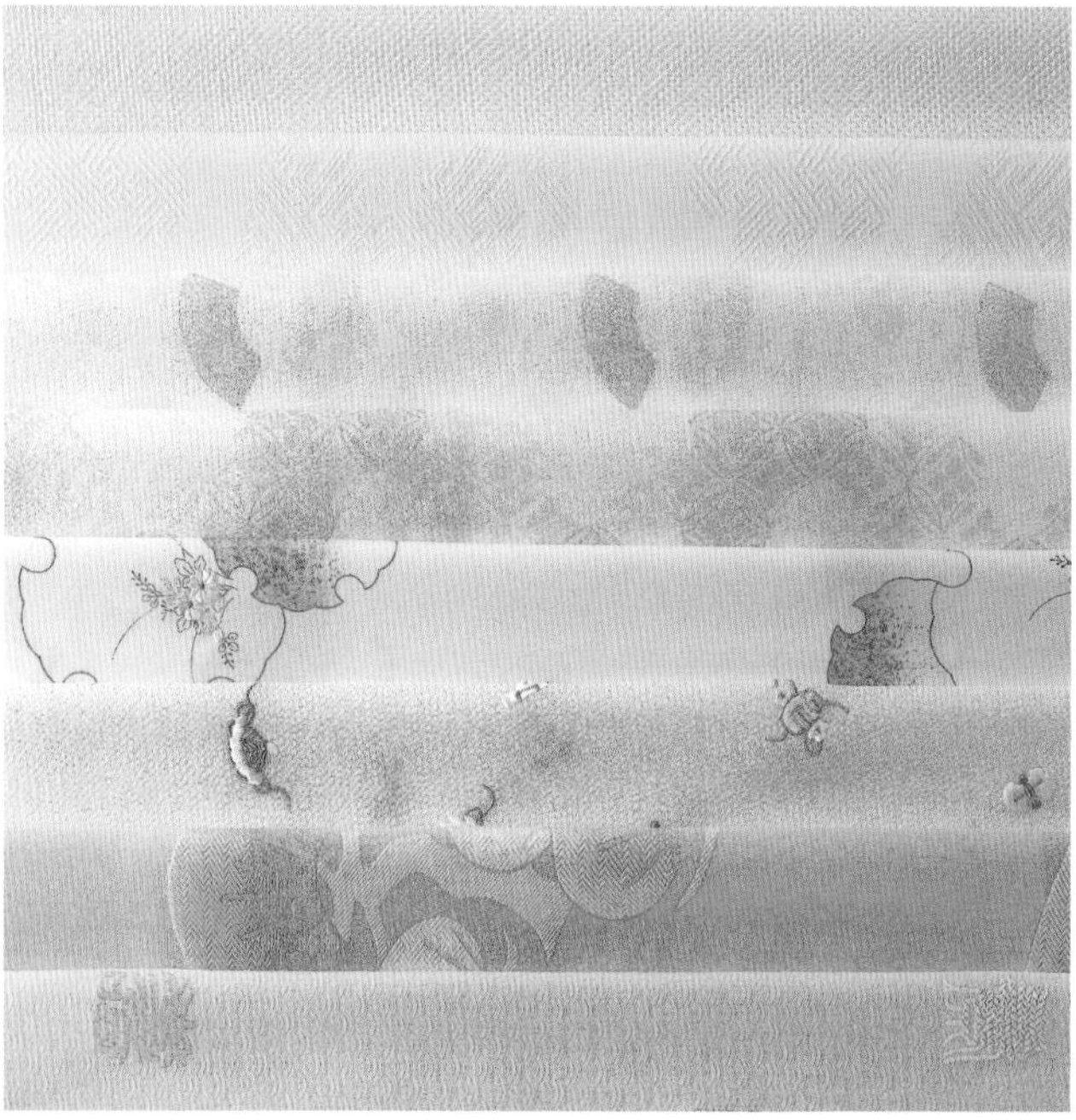

色留袖

五つ紋付きの色留袖と豪華な袋帯の組み合わせは、小物も黒留袖と同格に。帯揚げは白い綸子や総絞りを。

リュームを出します。訪問着や付け下げ、色無地などを礼装として着る場合は、絞りや綸子の素材で、着物や帯に調和する淡い地色が上品です。

小紋や織りの着物の場合は、決まり事にとらわれず自由に選びます。帯揚げの一色で雰囲気が変わることもあるので、着物姿をイメージするのがよいでしょう。優しくはんなり見せたいなら、着物の中のいちばん淡い色、粋に装いたいなら、渋みのある濃いめの色など、いろいろな合わせ方で、それなりに素敵です。まずは実際に合わせてみて、全体のバランスを確認してください。

また、夏の着物の場合は、絽や紗、楊柳《ようりゅう》、絽縮緬、麻などが涼しげです。

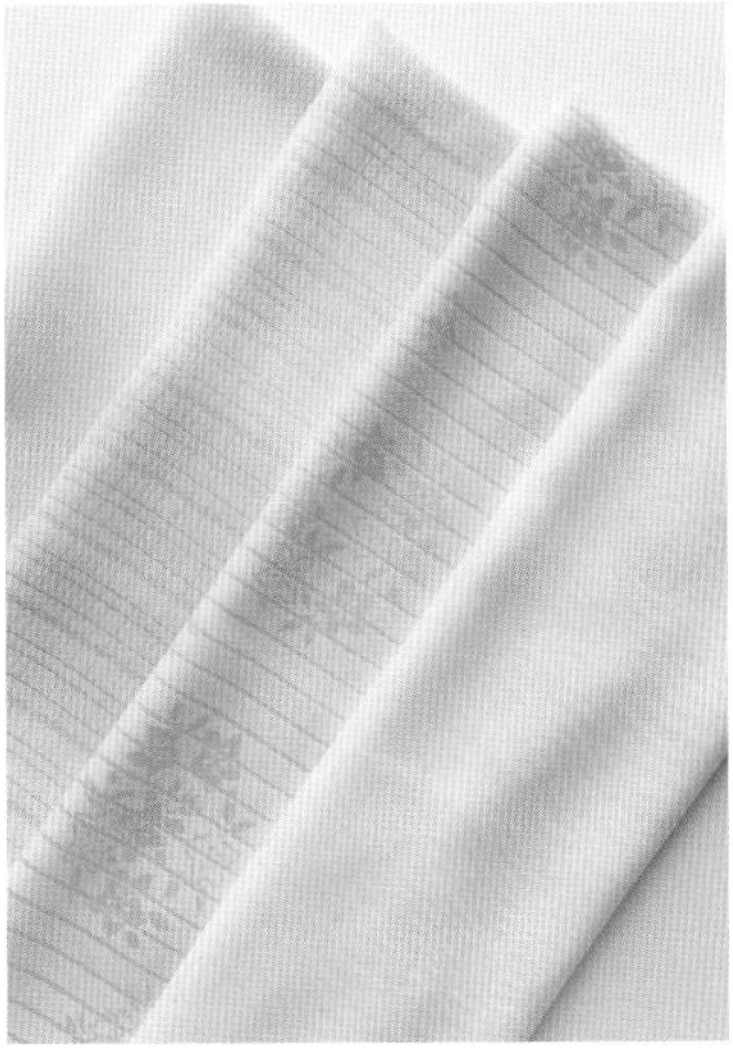

単衣の着物に

単衣の季節の帯揚げは、着物に合わせて袷の季節のものと夏物とを兼用する場合が多いようです。さらにお洒落に決めるなら、こんな素材もあり、薄手の錦帯や塩瀬帯などに。左から、楊柳のぼかし、楊柳の絽、綸子の絽、紋紗のぼかし。

カジュアル

小紋や紬などの街着に向く帯揚げ。濃い地の無地のほか、飛び絞りや小紋柄など、楽しいものが豊富です。人気の飛び絞りの中で、綸子地の白は、付け下げや色無地、江戸小紋などにも使えます。

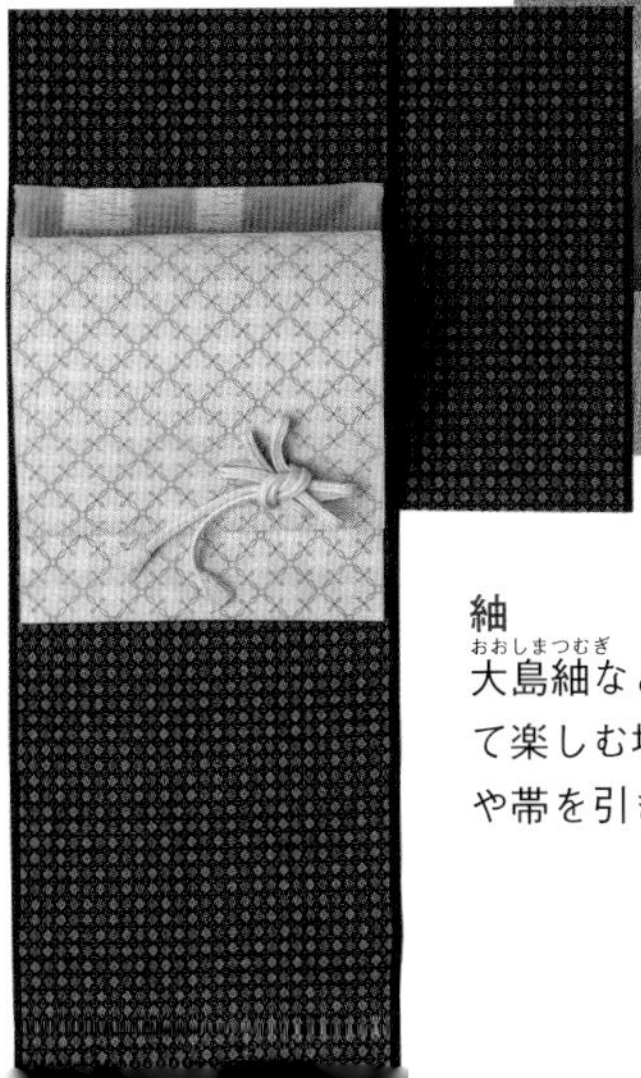

紬

大島紬《おおしまつむぎ》などを気軽な街着として楽しむ場合、帯揚げは着物や帯を引き立てる明るい色を。

和装小物3

帯締め【おびじめ】

着物や帯と調和する色やアクセントカラーになるものを

帯締めは、帯を結んだあと、その形がくずれないように押さえる役目があります。そのため、見た目の美しさだけでなく、ある程度の強度も大切。お太鼓が型くずれしてきたり、下がってくるのは、帯締めに問題があることも。手組みのしっかりした帯締めを選ぶと、帯はいつまでもきれいな形を保つことができます。

中国・朝鮮半島から伝わってきたとされる組紐《くみひも》の技法によって、帯締めは作られます。当初はお経の巻物の緒《お》や袈裟《けさ》の紐、武士の装束などに利用されながら発展し、明治末期頃に、女性の帯締めとして用いられるようになりました。それまでは、「丸ぐけ」という、布に綿を入れてくけた紐を結んでいました。

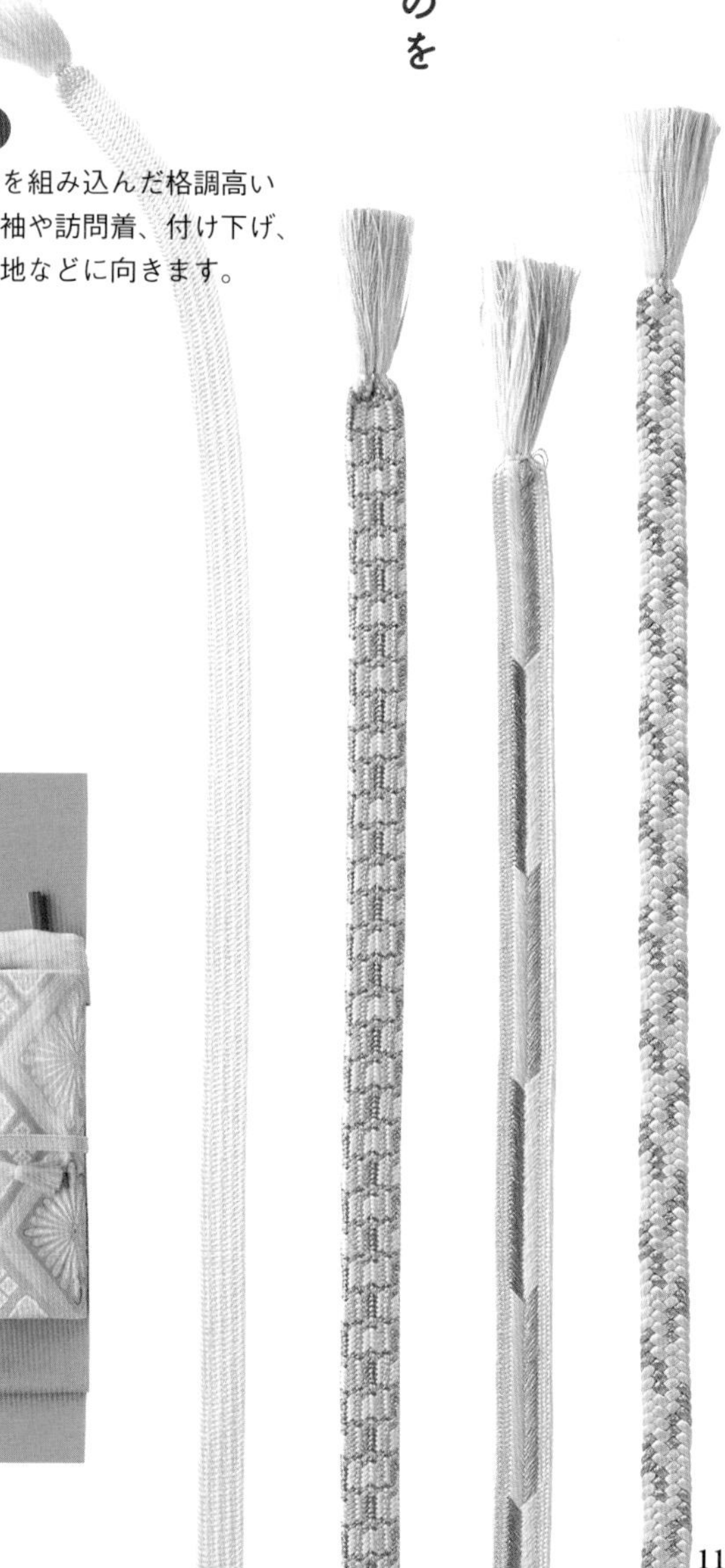

フォーマル

白に金糸銀糸を組み込んだ格調高い帯締めは、留袖や訪問着、付け下げ、紋付きの色無地などに向きます。

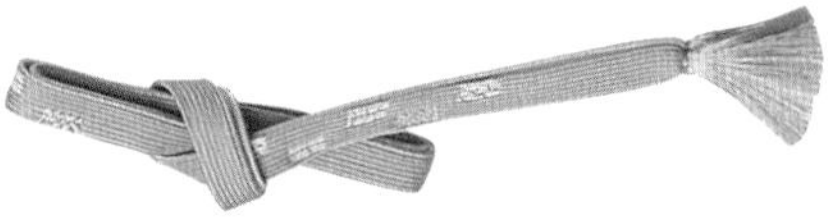

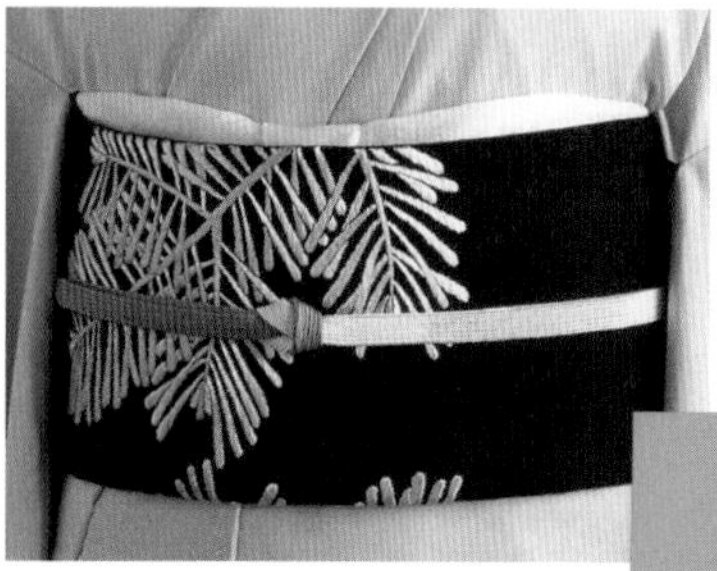

訪問着や付け下げには、着物や帯の色からとった明るい色目の帯締めも合います。やや幅広のタイプで、色糸に金糸銀糸を組み込んだもの華やかなものを。

糸と糸を組み合わせて作られる帯締めは、組み方によってさまざまなデザインがあります。形で大別すると、平らに組まれた「平組《ひらぐみ》」、丸く組まれた「丸組《まるぐみ》」が代表で、組み方で分けると、平組には高麗組《こうらいぐみ》、綾竹組《あやたけぐみ》、笹浪組《ささなみぐみ》など、丸組には冠組《ゆるぎぐみ》、四つ組、八つ組などがあります。

帯揚げ同様、帯締めにも格合わせがあります。留袖には幅広に組まれた白で、金糸銀糸をあしらったもの、訪問着や付け下げにはボリューム感のある淡い色目、小紋や紬には着物姿のアクセントになる大胆な色もお洒落です。

カジュアル

小紋や紬には、はっきりとした色や強い色を合わせるのも、メリハリが効いて、コーディネートが締まります。やや細身の冠組などを基本に。

◎帯留《おびと》め

細い帯締めとセットで、前帯をドレスアップ

帯締めを彩る細工ものを帯留めといいます。明治以降に盛んに作られ、それに伴って二分紐《にぶひも》、三分《さんぶ》紐《ひも》という、帯留めを効果的に見せる細い帯締めが組まれるようになりました。帯留めには季節感を表現する楽しみもありますが、ほかの小物と同じように、素材や形など格を踏まえたものを選びましょう。写真のような銀細工の兎《うさぎ》の親子の帯留めは、カジュアルな染めや織りの帯に。

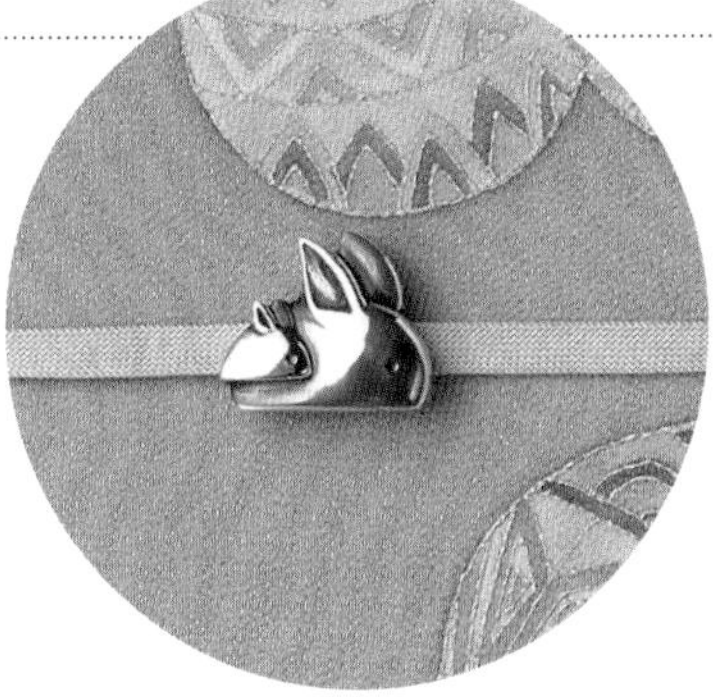

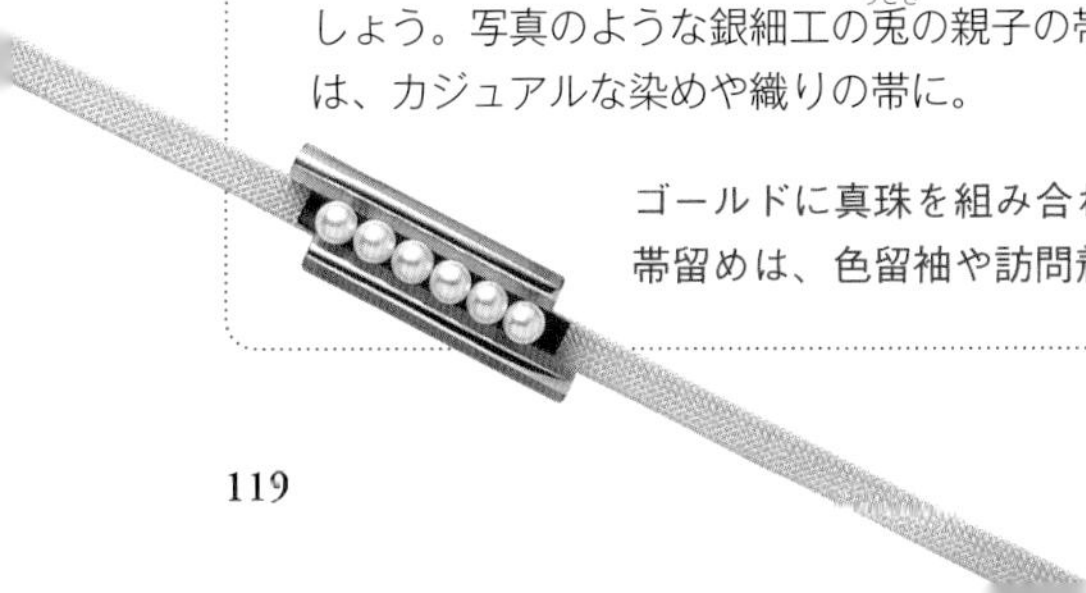

ゴールドに真珠を組み合わせたエレガントな帯留めは、色留袖や訪問着にも合います。

和装小物4

足袋【たび】

木綿《もめん》素材の白足袋なら、季節を問わずどんな着物にも

かつては礼装用は白、日常使いは色足袋や小紋柄の足袋が用いられましたが、現在は礼装にも普段にも白い足袋をはくのが一般的になりました。男性の場合は、礼装以外はグレーや紺色、茶色などの色無地の足袋を用いるのが普通です。女性用の色柄足袋も作られているので、紬や木綿の着物をふだん着として着る場合は、こうした足袋を合わせてみるのも楽しいでしょう。白足袋にワンポイントの刺繍があしらわれたものは、振袖や訪問着、付け下げなどに合わせせられます。

足袋の素材は、ナイロンやテトロン、絹の羽二重などもありますが、もっとも基本となるのは木綿です。木綿の中でも目の詰まったキャラコと呼ばれる素材が最上ですが、エジプト綿や海《かい》島綿《とうめん》などの高級木綿の足袋もあります。木綿のよさは吸湿性に優れ、何度洗濯しても型くずれしにくいことです。木綿の袷仕立ての足袋は、一年中どんな着物にも合わせられますが、単衣仕立てのものもあり、着物と同様に単衣の季節に用います。

足袋の留め金具を「こはぜ」といい、4枚と5枚のものが主流です。こはぜが5枚のものは、底が深くなるので、はいたときに足首をしっかり包み込みます。立ち姿が美しく見えることから、日舞や礼装向きです。

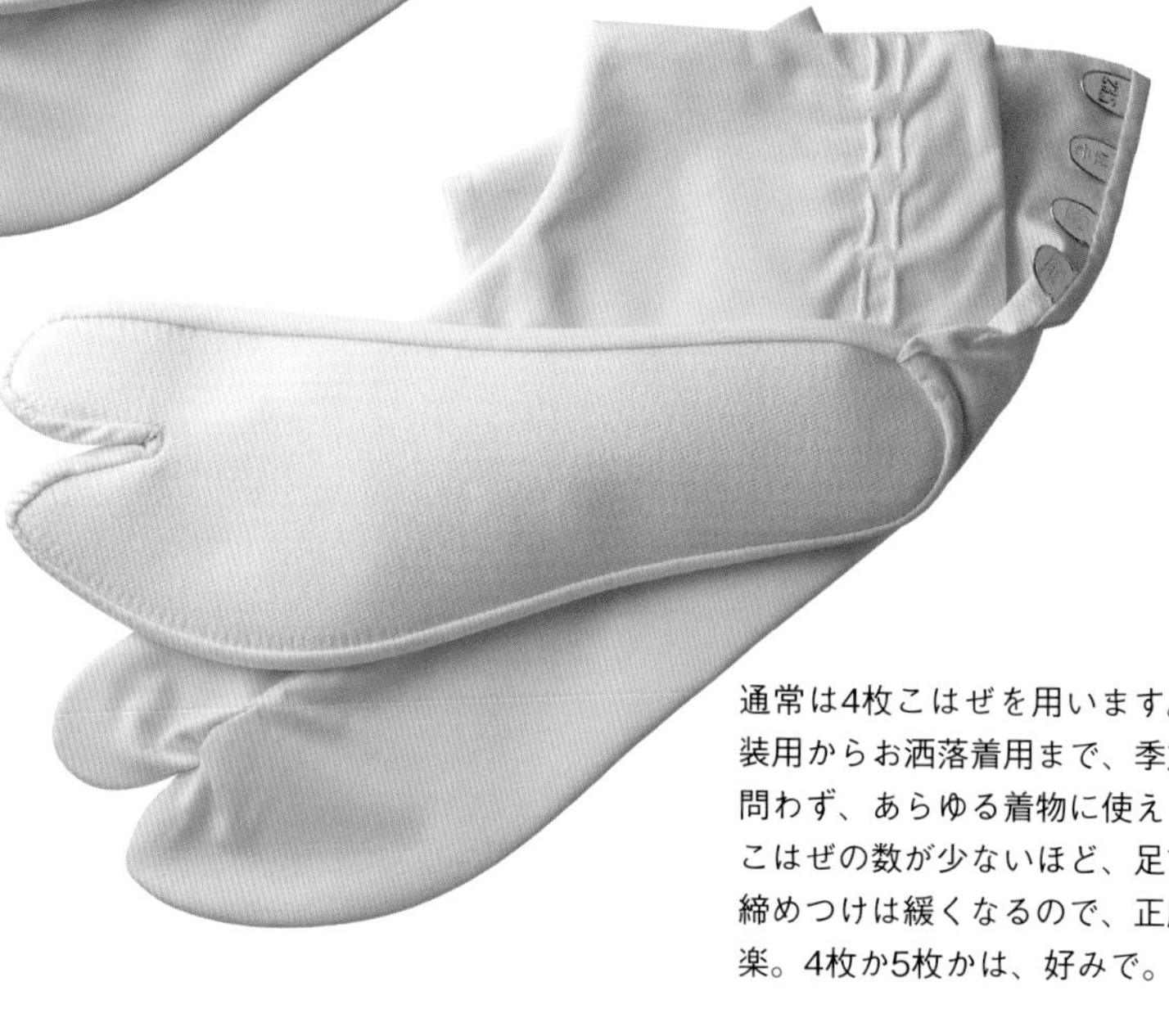

通常は4枚こはぜを用います。礼装用からお洒落着用まで、季節を問わず、あらゆる着物に使えます。こはぜの数が少ないほど、足首の締めつけは緩くなるので、正座も楽。4枚か5枚かは、好みで。

和装小物5

肌着【はだぎ】

肌触りがよく、丈夫で吸湿性の高いものを

着物の形は変わりませんが、着物の肌着は進化を続け、さまざまな工夫がされています。着物を着慣れない人のために、手軽さとお洒落度を追求したものが多くなりましたが、そんな中で昔ながらのベーシックな肌着もいまだに健在です。もっとも基本的なものは、上下が分かれているもので、上を肌襦袢《はだじゅばん》、下を裾《すそ》よけと呼びます。

肌襦袢は半襦袢ともいい、素肌に直接つけるもの。肌と長襦袢の間にあって、双方を程よくなじませ、着くずれを防ぐ役割を果たします。そのため、汗を吸収する肌触りのよいもの、着用後は必ず洗濯するので丈夫な素材であることが大事。その条件を満たすものとして、昔から愛用されてきたのが晒《さらし》木綿《もめん》です。一年中着られますが、夏は薄手のクレープや絽、麻なども。

一方、裾よけは、下半身に巻くようにしてつけます。着物の裾が傷まないようにと、江戸時代に考案された実用性の高い肌着で、歩きやすいように滑りをよくすることから、「蹴出《けだ》し」ともいいます。裾よけの素材は絹、木綿、キュプラ、レーヨン、ポリエステルなどが主流。ほかに、夏用には絽、縮《ちぢみ》、麻、冬用にはネルやモスリンなども。色は白を基本に、淡い色の無地や小紋柄もあります。

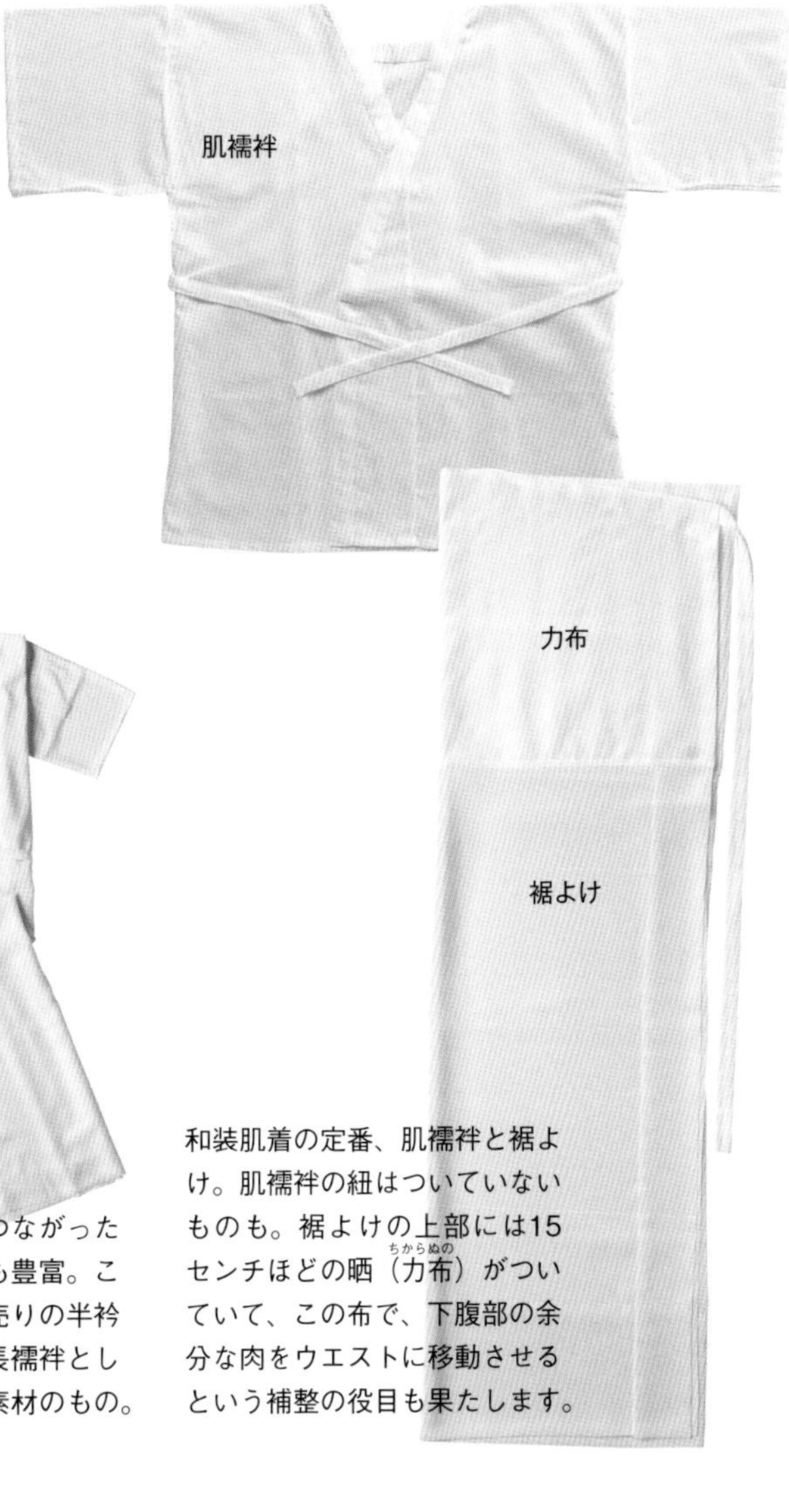

和装肌着の定番、肌襦袢と裾よけ。肌襦袢の紐はついていないものも。裾よけの上部には15センチほどの晒（力布《ちからぬの》）がついていて、この布で、下腹部の余分な肉をウエストに移動させるという補整の役目も果たします。

洋服の下着のようなデザインのツーピースで、素材は木綿。シャツは衿ぐりが深いので、衣紋《えもん》（後ろ衿）を抜くときも心配はありません。

肌襦袢と裾よけがつながったワンピースタイプも豊富。こちらは肌襦袢に別売りの半衿や袖をつけると、長襦袢としても着用できる夏素材のもの。

和装小物6

長襦袢【ながじゅばん】

正装には白か淡い色目、お洒落着には楽しい小紋柄も

長襦袢は着物の下に着ます。一般的に着物とほぼ同じように仕立てますが、おはしょりをとらないために、着る人の着丈にあったものを用意します。袖の長さや袖丈は、上に着る着物と揃えると、着上がりがきれいです。長襦袢の機能は、着物の汚れを防ぎ、着くずれしないように着物を着付けることができることです。また、長襦袢の衿につけた半衿を衿もとからのぞかせることで、顔と着物とのバランスを取る役目も果たします。さらに、表からはほとんど見えませんが、動くたびに着物の袖口や振りからちらりと見える長襦袢の色や柄も、着物のお洒落の一つです。

　着物と同じように、長襦袢の色柄は豊富で、反物から仕立てます。留袖や

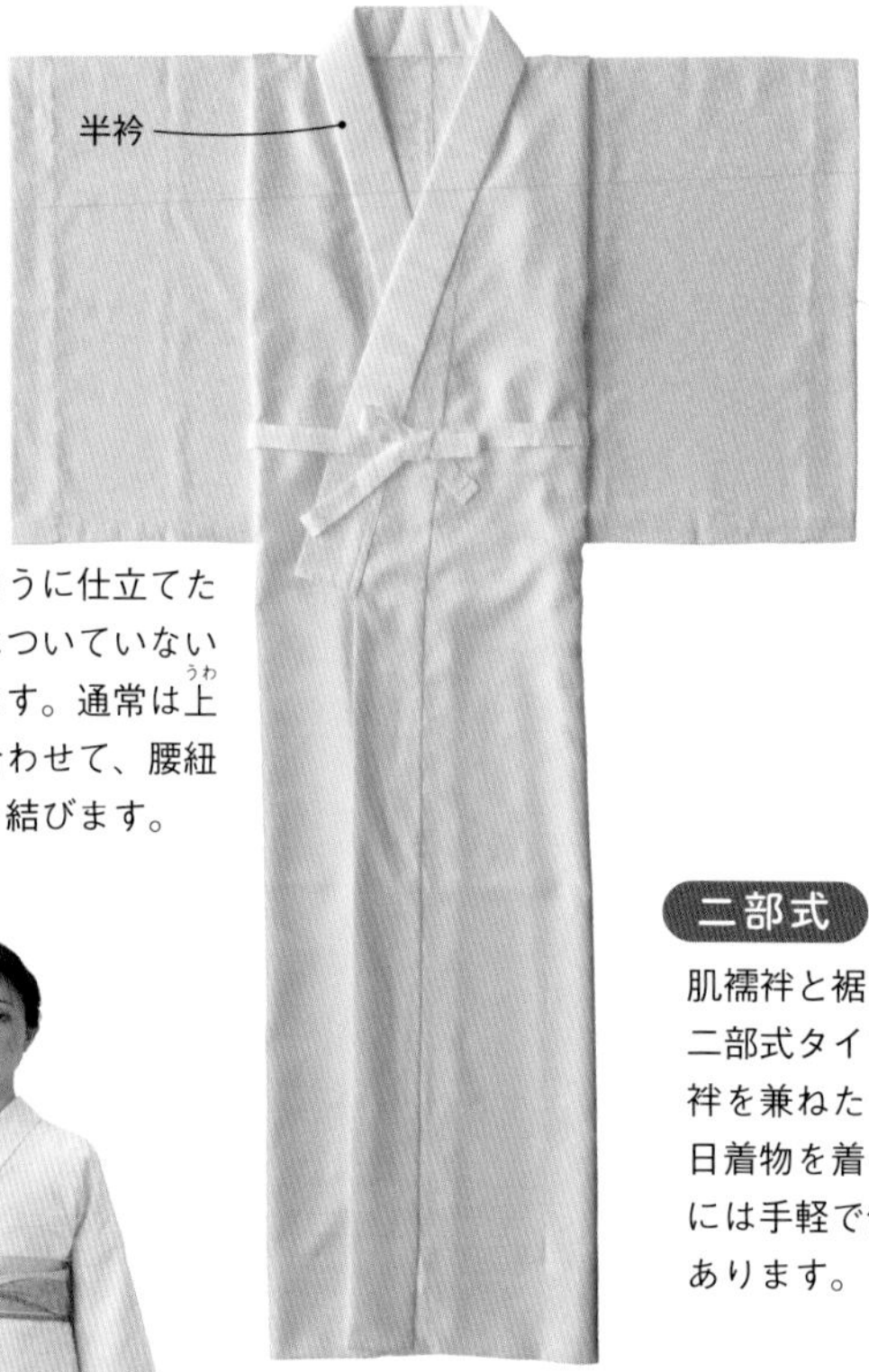

一部式

着物と同じように仕立てた長襦袢。紐はついていないものもあります。通常は上《うわ》前《まえ》と下前《したまえ》を合わせて、腰紐や伊達締めを結びます。

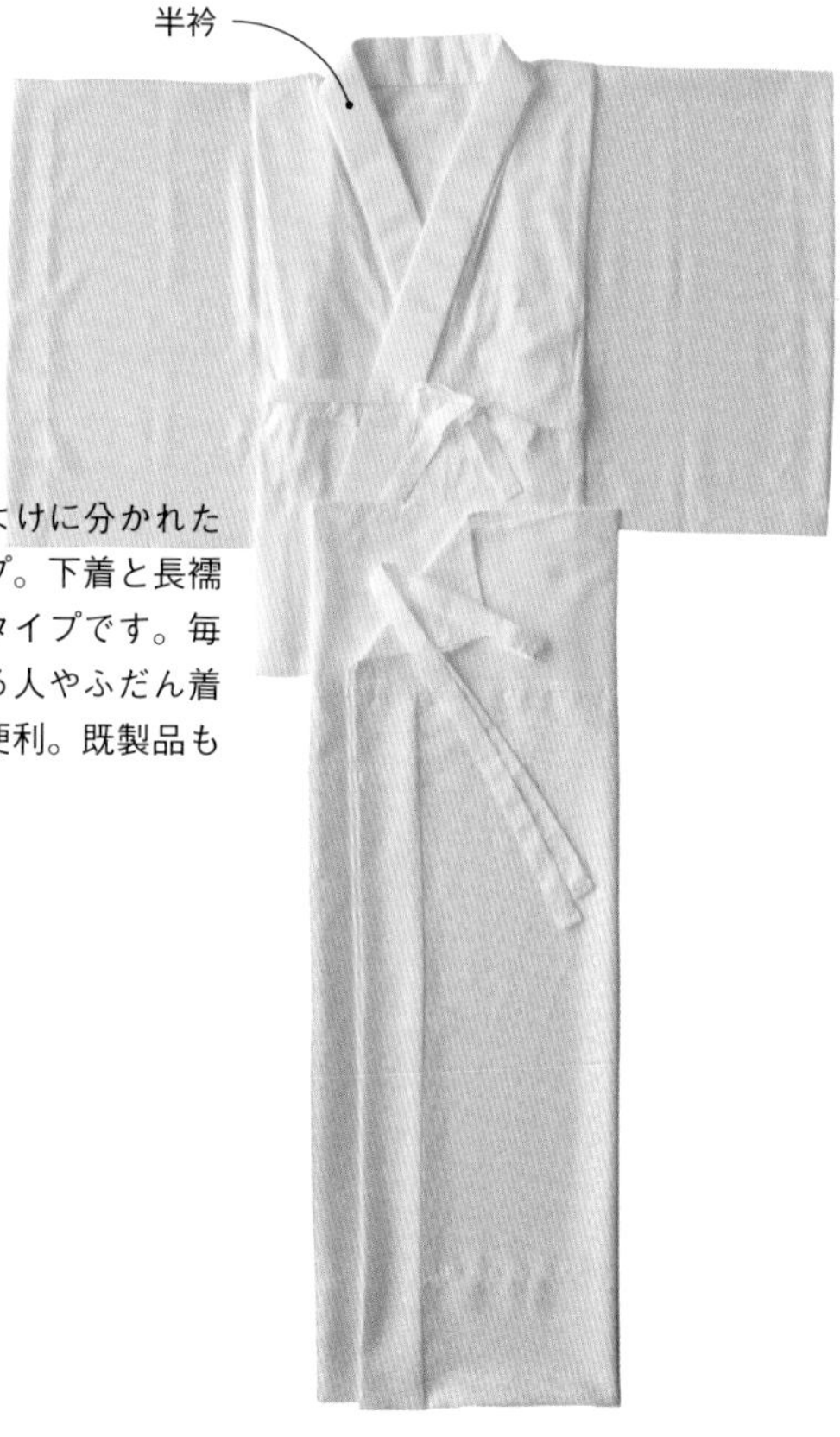

二部式

肌襦袢と裾よけに分かれた二部式タイプ。下着と長襦袢を兼ねたタイプです。毎日着物を着る人やふだん着には手軽で便利。既製品もあります。

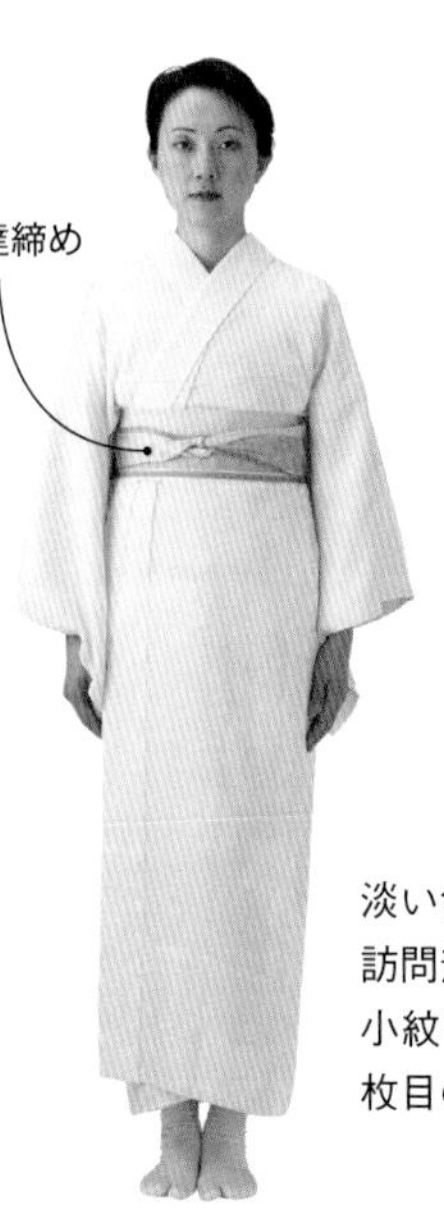

淡い色目の上品な長襦袢は、訪問着や付け下げに向きます。小紋や紬にも使えるので、1枚目の長襦袢としておすすめ。

喪服《もふく》には地紋の入った白い長襦袢を選び、慶弔両用にする場合はおめでたい柄は避けましょう。袖丈の長い振袖は、専用の長襦袢地から選びます。訪問着や付け下げ、色無地など一般的なフォーマル着物には、淡い色目のぼかしなどを。小紋や紬には濃いめの色や小紋柄、反対色など、趣味性の強い個性的なものも似合います。

袷用の素材は綸子やしぼの細かい一《ひと》越縮緬《こしちりめん》、モスリン、ポリエステルなどがありますが、もっとも一般的なものは紋綸子です。単衣用は縦しぼのある涼しげな楊柳、夏用は絽、紗、麻などがあります。

長襦袢の素材

絹綿

綿素材が入っていると軽やか。

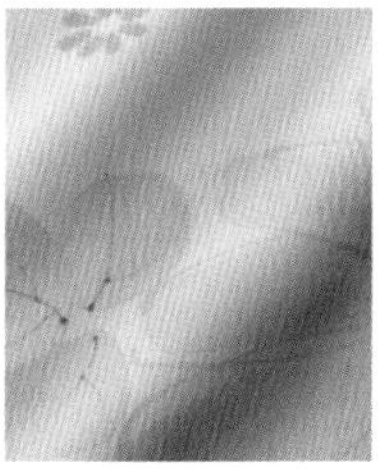

絹

単衣や夏用には薄手のタイプを。

綿麻

爽やかで肌に優しく心地よい。

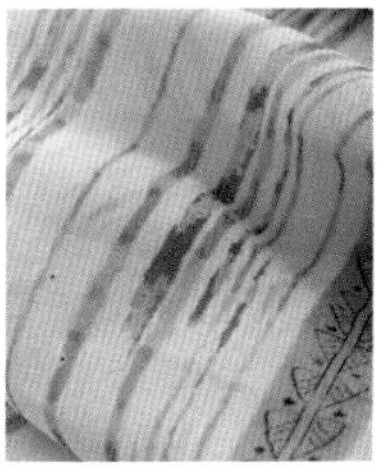

麻

夏の織りの着物に最適な素材。

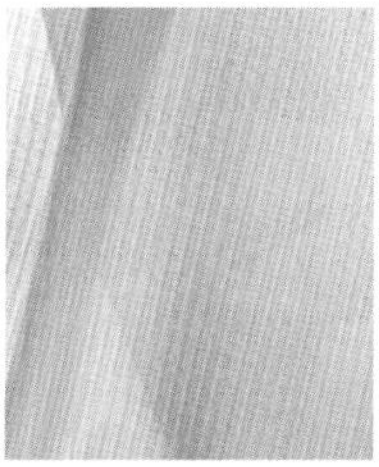

複合繊維

竹の繊維が織り込まれたもの。

ポリエステル

お稽古着や雨の日などに便利。

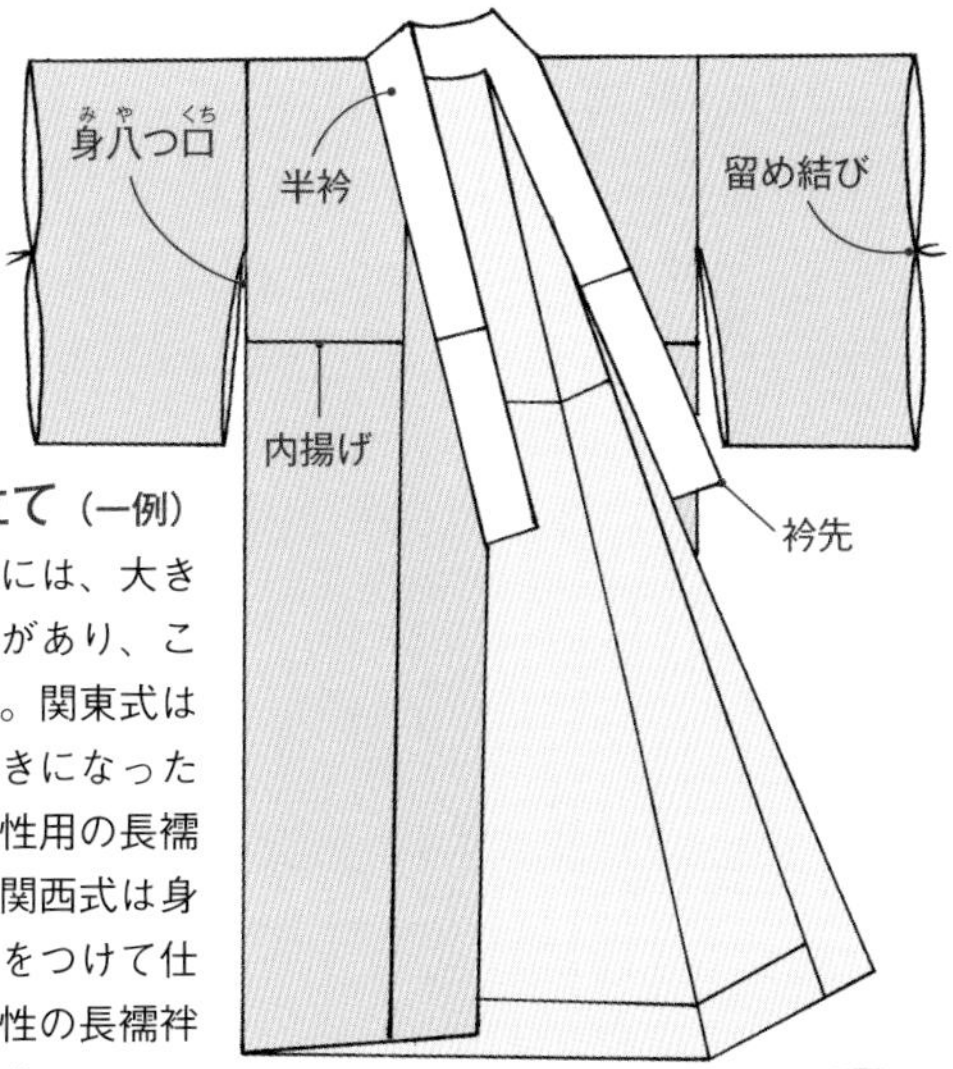

●長襦袢の仕立て（一例）

長襦袢の仕立て方には、大きく関東式と関西式があり、この図は関西式です。関東式は衿が裾までひと続きになったもので、現在の男性用の長襦袢もこのタイプ。関西式は身頃の途中まで別衿をつけて仕立てたもので、女性の長襦袢はこちらが主流です。

長襦袢の袖は、着物から見えます！

着物の袂《たもと》の振りは大きく開いているので、後ろから袖の中がよく見えます。長襦袢と着物の袖丈や袖幅の寸法を揃え、着物に調和する色柄を選びましょう。

◎うそつき長襦袢

袖の中にもう1枚肌襦袢の袖がついているもので、長襦袢を着ているように見えることから、通称「うそつき」と呼ばれます。最近のプレタポルテの袖替え長襦袢も、このタイプ。袖に絹やポリエステルを用い、袖を外して上半身部分だけ洗えるのが便利です。

和装小物7

着付け紐【きっけひも】

着物の着付けには腰紐と伊達締め、帯結びには帯板と帯枕を用意

　一般的に着物の着付けに使う紐は、腰紐と伊達締めの2種類です。素材は似ていますが、使う目的が違うため、形状はそれぞれ異なります。腰紐は着物の下前と上前を合わせたら、着物が開かないように腰骨のあたりに結ぶ大切な紐です。おはしょりを整えたあと衿合わせをして、両衿の衿もとが開かないように胸もとを押さえますが、ここでも腰紐を使うこともできます。同じ紐でも、胸もとを押さえるので胸紐と呼ばれますが、ここで幅広の伊達締めを使うこともできます。腰紐、伊達締めとも、素材は絹とポリエステルが主流です。

　帯結びに使うものは、帯板と帯枕の2つです。帯板は帯の正面をきれいに整えるためのもので、使わないと前帯にしわが寄ります。帯枕はお太鼓などの形を作るときに、帯山に立体感を出すための道具。帯揚げをかぶせるので表からは全く見えませんが、使い勝手のよいものを。帯板、帯枕とも、大きさがさまざまなので、体型や着物の種類などに合わせて選びましょう。

腰紐《こしひも》

幅5センチほどの紐は、腰や胸もとに使う

腰紐は前から後ろに回して交差させ、さらに前に戻してしっかり結びます。この紐1本で着物を支えている感じ。

機能性を重視するのなら、やや価格は張りますが、絹製の腰紐も。こちらはしぼのある楊柳タイプで、伸縮性がよく締めやすいのが特徴。

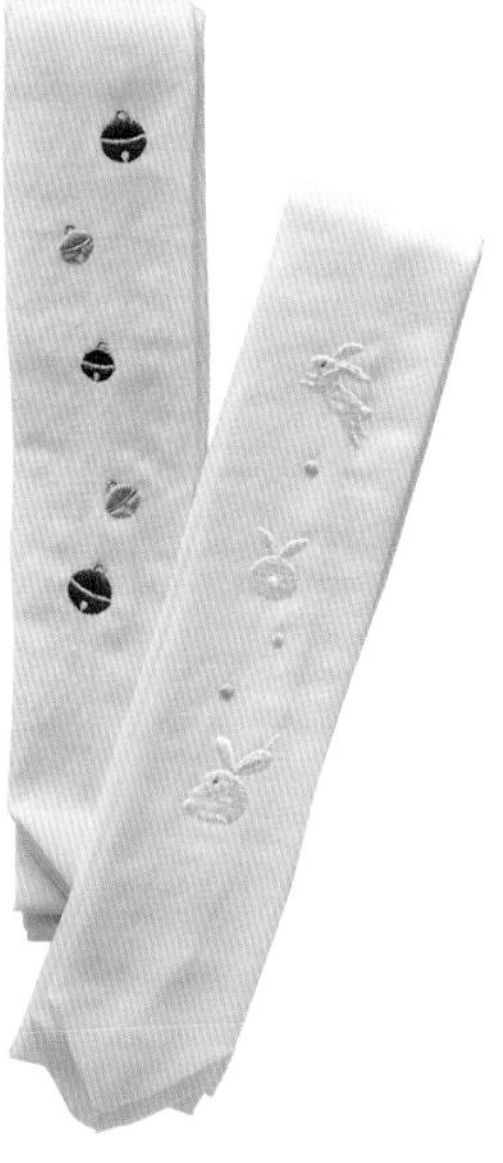

もっとも一般的なモスリン素材の腰紐。白を数本持っていると、すべての着物に使えます。また、帯結びの際には、仮紐としても活用できます。左はピンクに愛らしい刺繍入り。

伊達《だて》締《じ》め

長襦袢や着物の上に締めて、着くずれを防ぐ

おはしょりを整え、両衿を合わせたあと、胸もとを伊達締めで押さえます。長襦袢の着付けにも使用。

伊達締めの定番中の定番は、丈夫な博多織。上は幅10センチの一般的なタイプで、厄除けを意味する7色の細縞が織り込まれています。下は幅13センチほどの幅広タイプ。伝統的な伊達締めで、帯下に結ぶと胴に巻いた帯にしわが寄りにくいメリットも。ふだん着物なら、帯板をしなくてもOK。

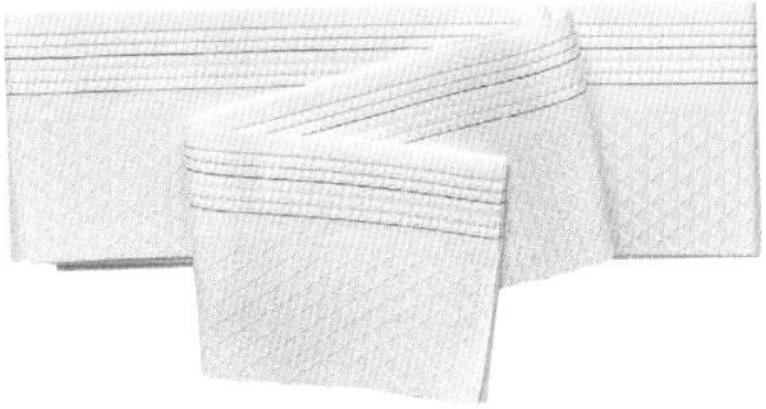

幅10センチのポリエステルの伊達締め。中央の70センチほどの部分に綿芯が入っているため、締めたときに安定感があります。キュートな梅柄の絞りに、心が浮き立ちます。

帯《おび》板《いた》

前帯のしわを防ぐ幅広の板

上は長さ49センチの袋帯や名古屋帯に使える一般的なタイプで、初心者にはゴム紐付きがおすすめ。下は長さ33センチの半幅帯用。2枚持っていると便利。

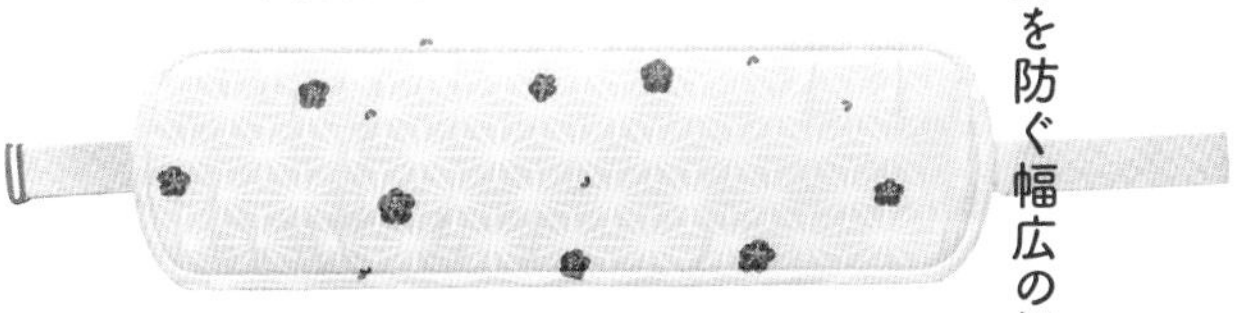

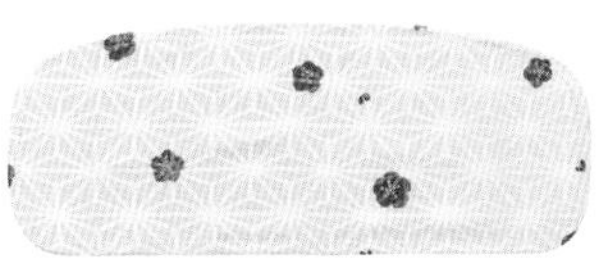

ゴム紐付きの帯板は帯を巻く前に胴に付けますが、ゴム紐なしのものは、一巻目と二巻目の帯の間に挟みます。

帯《おび》枕《まくら》

帯山をきれいに形づくる

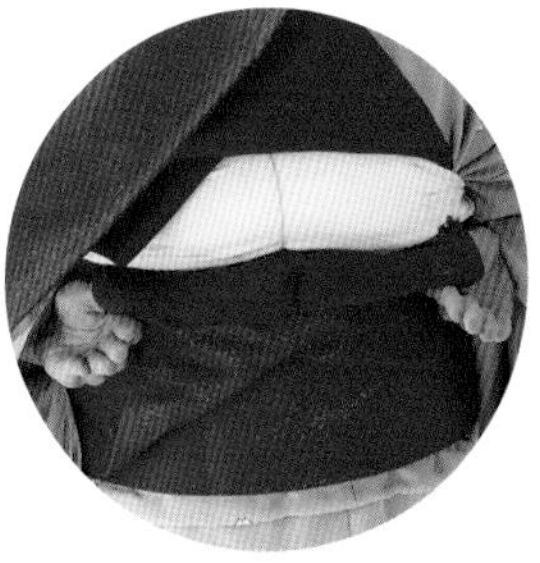

ガーゼがついていないものは、枕をガーゼで包み、枕の中央を輪ゴムなどで留めて使います。

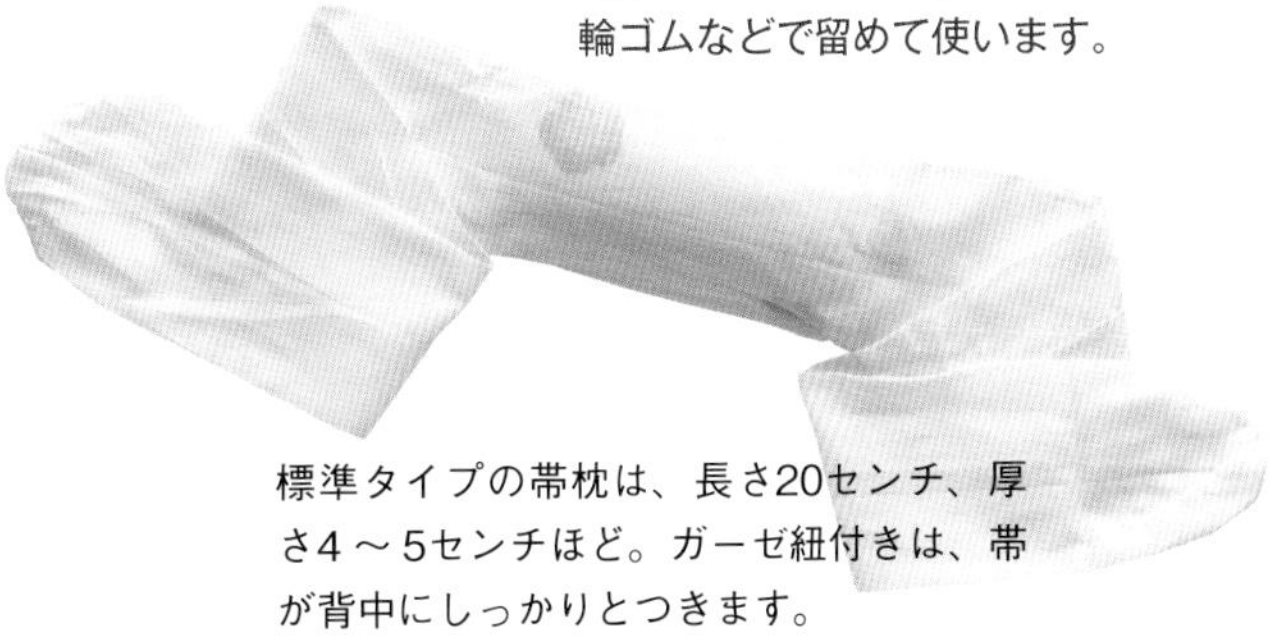

標準タイプの帯枕は、長さ20センチ、厚さ4～5センチほど。ガーゼ紐付きは、帯が背中にしっかりとつきます。

和装小物8

バッグ

和装・洋装とも小ぶりなデザインを

上質な帯地の手提げタイプは、訪問着や付け下げに似合います。

淡い金彩が上品な手提げ型は、色留袖や訪問着などに。緑の斜め格子がアクセントになっています。

白地に菊立涌《きくたてわく》を華やかに織りだした帯地のバッグ。訪問着や付け下げに。

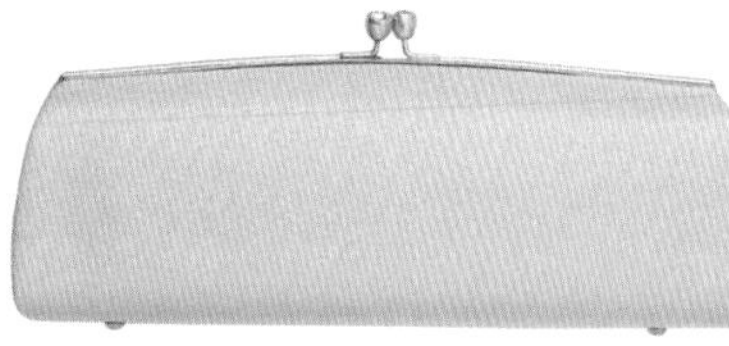

洋装にも使えるエレガントな抱え型。

レース細工の布製の抱え型は、パーティに。

竹細工のかごバッグ。カジュアルな小紋や織りの着物に。

縮緬のたっぷりバッグは、小紋や紬に。

着物に合わせるバッグは、礼装用以外は、和装用とは限らず、洋装用のタイプでもかまいません。両方に共通しているのは、和装にはできるだけコンパクトなものが似合うということです。そして、着物の格や雰囲気に合わせて、デザインや色柄を選びましょう。訪問着と紬では着ていく場所や目的も変わるので、それにふさわしいバッグを持つようにしたいものです。

留袖や振袖、訪問着、付け下げ、紋付きの色無地などの礼装用には、裂地《きれじ》のものが正式とされてきました。綴織《つづれおり》や錦織《にしきおり》、佐賀錦《さがにしき》など気品のあるものが似合いますが、最近は洋装用のシンプルなバッグを合わせる人も増えました。ただ、爬虫類《はちゅうるい》の革や牛革などは、できるだけ避けたほうが無難です。

訪問着や付け下げ、小紋などでパーティに出席する場合は、布製にこだわらず、ビーズやスパンコール、金糸銀糸づかいのものもお洒落です。小紋や織りの着物を街着として楽しむ場合は、趣味性の強いものなど自由に選びます。

和装小物9

履物【はきもの】

かかとの高さや台、鼻緒《はなお》の色をポイントに

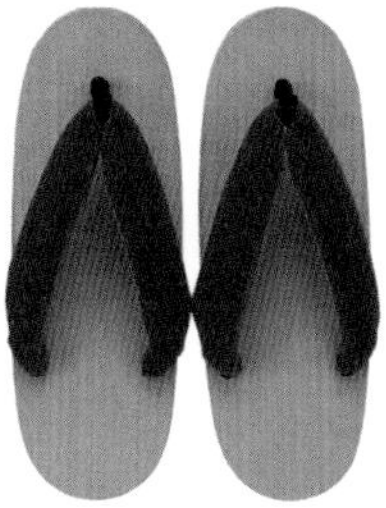

上・白足袋に上質な下駄も粋な装いの一つ。小紋や紬にも合います。
右・草履型の桐下駄。別珍の太い鼻緒が歩きやすく疲れません。

白系の台と鼻緒の草履は、訪問着や付け下げから小紋、紬まで。前つぼの色も控えめなので、年代を問わず使えます。

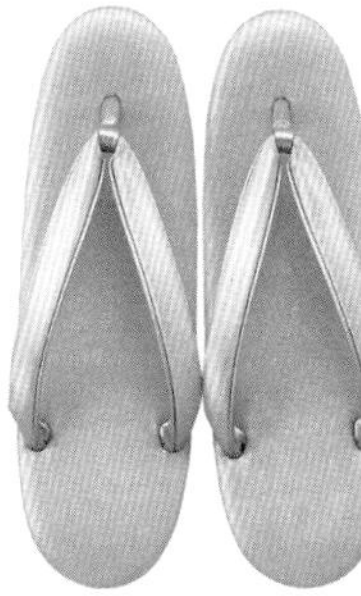

台、鼻緒ともに金無地のシンプルな礼装用。

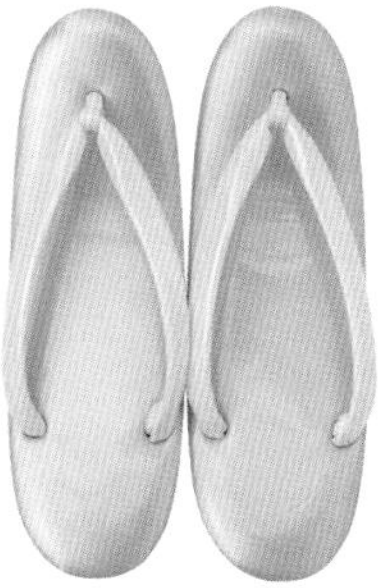

水色の台に白い鼻緒が爽やか。ブルー系の着物に。

着物を着たときの履物は、草履《ぞうり》または下駄《げた》になります。一般的には草履を用いますが、着物の格によって大まかに3タイプに分かれます。留袖や振袖に合わせるフォーマル用、訪問着や付け下げに合わせるセミフォーマル用、小紋や紬に合わせるカジュアル用です。草履の格は素材や色によって決まりますが、かかとの高いものほどフォーマル度は高くなります。

フォーマル用の草履は、台と鼻緒は同素材、同色、かかとの高さは5センチ前後を目安に。爬虫類を用いた革製は避け、錦織、唐織《からおり》、綴織などの布製で、金糸銀糸が使われた上品なものが向きます。革製のものには、金粉や銀粉、金箔などをあしらった豪華なものも。セミフォーマルでは布製のほか、皮革に装飾の施されたお洒落なものも合います。台と鼻緒は同色でかかとも5センチくらいがいいでしょう。何足も揃えるのが難しい場合は、白い台と白い鼻緒のタイプがあるとほとんどの着物に使うことができます。また、カジュアル用は布製、革製、爬虫類などでもよく、発色のよいエナメルの無地もアクセントになって素敵です。

朱赤の前つぼがアクセントになった白い草履。訪問着から小紋まで。

＊本誌に掲載されている写真は、新規撮影分の他に『決定版　きものに強くなる』『きものSalon 2013春夏号』『きものSalon 2017春夏号』『きものSalon 2018春夏号』『きものSalon 2018～19秋冬号』『きものSalon 2019春夏号』『きものSalon 2019～20秋冬号』『きものSalon 2020春夏号』『きものSalon 2020～21秋冬号』『きものSalon 2021春夏号』『きものSalon 2022～23秋冬号』に掲載のものも含まれています。上記に関わっていただいたモデルの中に、再使用の連絡の取れない方がいらっしゃいました。本誌をご覧になりましたら、世界文化社（03-3262-5124）まで、ご連絡いただくようお願いいたします。

ブックデザイン／宮巻　麗
撮影／伏見沙織（世界文化ホールディングス　写真部）
写真協力／児玉成一、佐藤 基、鍋島徳恭、
岡田ナツ子（Studio Mug）、笹口悦民（SIGNO）、
HIJIKA（SIGNO）、奥村康人、森山雅智、久保田彩子、
西山 航（世界文化ホールディングス　写真部）
着る人／野々すみ花、絵美里、高垣麗子、春香、水越日麻、
田中麗奈、小倉小鈴、本上まなみ、倉本康子、
上神谷亜世
イラスト／阿部真由美、すずきひさこ
撮影協力／
石田節子呉服店 https://setsukoishida.jp/forsale/
ゑり正 https://www.erisho.com
校正／株式会社円水社
DTP／株式会社明昌堂
編集／宮下信子
佐藤千寿香　富岡啓子（世界文化社）

いちばん親切な着物の教科書
初めてでもよくわかる！基礎知識
着物入門

発行日／2023年4月20日　初版第1刷発行

発行者／秋山和輝
発　行／株式会社世界文化社
〒102-8187
東京都千代田区九段北 4-2-29
03（3262）5124（編集部）
03（3262）5115（販売部）

印刷・製本／株式会社リーブルテック

ISBN978-4-418-23405-9